纷缋盛文

郭金桂 編

西泠印社 出版社

從明清文人畫中體會審美趣味

文人畫帶有文人審美趣味，流露着文人的思想情懷，为文士所愛好，也稱"士夫畫"。這種帶有文人審美趣味和思想情懷的繪畫，萌于魏晋，成于唐，興于宋元，盛于明清。近代著名美術家、藝術教育家陳師曾曰："畫中帶有文人之性質，含有文人之趣味，不在畫中考究藝術上之工夫，必須于畫外看出許多文人之感想，此乃所謂文人畫。"

明代初期，占據主導地位的是崇尚兩宋院體風格的宮廷繪畫和浙派畫風。承續元人傳統的文人畫雖非主流，但仍然對此後文人畫的發展起到了一定的轉承作用。到明代中期，吳門畫派在蘇州地區崛起，它既承宋元文人畫傳統，又兼容院體畫表現方法，占據了畫壇主流，使文人畫得到了進一步發展。晚明時期，董其昌更是開拓了文人山水畫的新境界。從冊中姚綬、張路、徐渭、周之冕、丁雲鵬、李流芳、黄道周、王鐸、項聖謨、王鑑、孫逸、傅山、查士標、胡宗信等人的書畫作品中，可窺明代文人畫審美趣味之一斑。

清代的文人畫、宮廷繪畫并行發展。文人畫也有所變化，精于美學實踐，表現出摹古與創新兩種傾向并存的趨勢，在題材、情趣和技法等方面各不相同，成爲畫壇主流，涌現出諸多不同風格的流派，并逐漸表現出雅俗共賞的新風貌，更加符合文人的審美標準。

清代名家輩出，如清初"四王"，他們學習元明畫風，直接受到董其昌"南宗"畫理影響，寄情于山水，借畫抒懷，强調筆墨技法，追求蘊藉平和的意趣，追求"畫外之畫""意外之意""境外之境"，集古大成而又自出機杼。還有一批明朝遺民畫家，他們遁迹山林，潔身自好，重視師法自然，廣泛學習前人之長，以繪畫展示山川之美，抒發真切感受，善于創新，其作品具有清新怡人的意趣。"揚州八怪"以自由獨特的艺术理論和筆墨实践，對原有僵化、呆板的傳統畫法做了大膽創新和探索，使人們的審美趣味也發生了變化，開創了縱橫捭闔、大有可觀的新局面。而與他們相輝映的還有江南地區的"西泠八家"。"西泠八家"無一不飽學博識,書法、繪畫、詩文等無一不精通,成爲清代中後期至今影響巨大的"文藝先師"。

　　清代發展的文人畫,是中國古代自隋唐開始的流派衆多、風格各异的藝術精華的結晶。文人們良好的修養、淵博的學識、高深的技巧及個性的發揚,使得當時的文人畫具備了"詩書畫印"四者結合的完美風貌和優勢,使中國畫達到了一種成熟完美的狀態,從而承前啓後。這種審美趣味,至今影響了之後數代藝術家。

　　綜觀書畫册中,集清代書畫家梅清、惲南田、楊晋、陳書、黃鼎、袁江、上官周、蔣廷錫、冷枚、沈宗敬、華喦、高鳳翰等百餘人之書畫作品,各有千秋,争相輝映,以獨特的審美趣味爲後人所欣賞。本書作品經浙江省博物館原研究館員趙幼强和安徽省博物館原副研究館員王麗華評估爲真迹。

　　夫君徐正國是舟山市普陀區沈家門人,他受家庭熏陶,從小就愛好收藏。五十餘年的收藏經歷,藏品多達兩萬件,并連續數届當選杭州市收藏協會會長。夫唱婦隨,一輩子同行,余鼎力支持。現今秉承"去粗取精,去僞存真"之旨,請方家精選并逐一鑒定,夫君的第三部藏品畫册《文盛繽紛》得以出版,旨在使讀者領會明清書畫的藝術價值,體會中華民族傳統藝術的珍貴和美好。同時,文化傳承需要一代又一代熱愛傳統文化的收藏者和文博事業家參與,唯有這樣,文化才可得以不斷發展。欣悦之餘,謹作數語以代爲序。也謹向所有支持與幫助畫册編纂工作的有關部門與編輯致謝。

郭金桂

二〇二一年十月

于杭州市拱墅區紫蘭公寓

213	吴友如
214	任頤
222	陸潤庠
223	李育
226	陸恢
228	林紓
229	任預
230	徐世昌
233	曾熙
236	康有爲
242	朱祖謀
242	章梫
242	羅振玉
243	鄭沅

244	劉春霖
245	王壽彭
246	李叔同
256	馬家桐
258	冷枚
259	孫逸
260	袁江
262	丁觀鵬
264	翟大坤
265	金廷標
266	胡宗信
267	焦秉貞
268	馬荃
270	惲冰

| 272 | 張之溶 |
| 273 | 馮秀琨 |

121	余 省	145	改 琦	176	陳允升
122	錢 灃	147	湯貽汾	177	俞 樾
123	董 誥	148	朱昌頤	179	任 熊
124	潘恭壽	149	林則徐	182	任 熏
125	弘 旿	154	黃 鞠	186	李鴻章
127	黃 易	155	汪 昉	188	虛 谷
131	奚 岡	156	何紹基	192	曾國荃
134	沈 唐	159	戴 熙	193	朱 偁
135	永 瑆	164	費丹旭	195	趙之謙
138	宋 湘	168	湯禄名	198	翁同龢
139	顧 洛	170	張之萬	208	金 鑒
140	阮 元	171	曾國藩	209	錢慧安
141	錢 杜	173	左宗棠	211	顧 澐
144	陳鴻壽	174	真 然	212	楊守敬

目録

001	姚 綬	022	朱 耷	066	汪 士 慎
002	張 路	024	牛 石 慧	071	金 農
003	徐 渭	025	朱 彝 尊	076	黄 慎
005	周 之 冕	026	惲 壽 平	084	高 翔
006	丁 雲 鵬	027	闞 禎 兆	088	鄭 燮
008	李 流 芳	028	楊 晋	096	李 方 膺
009	黄 道 周	031	陳 書	098	張 洽
010	王 鐸	033	黄 鼎	099	劉 墉
011	項 聖 謨	034	上 官 周	104	錢 維 城
012	王 鑑	038	蔣 廷 錫	105	童 鈺
014	傅 山	041	沈 宗 敬	107	閔 貞
016	查 士 標	042	華 嵒	110	王 文 治
019	梅 清	050	高 鳳 翰	113	羅 聘
020	笪 重 光	054	邊 壽 民	119	翁 方 綱
021	周 淑 禧	057	李 鱓	120	張 敔

林巒彷彿清風生交枝直幹平安懸勁節虚心
君子情對此怡然樂清賞 乙酉秋仲 雲東逸史

姚綬 花鳥

134cm × 66cm （紙本）

姚綬（1422—1495），字公綬，號谷庵、仙癡、丹丘生、雲東逸史等，嘉興嘉善大雲寺人。明代官員、書畫家。

張 路 人 物

93cm x 32cm （紙本）

張路（1464—1538 或 1537），字天馳，號平山，祥符人。明畫家。
人物上師法吳偉，山水有戴進的風致。

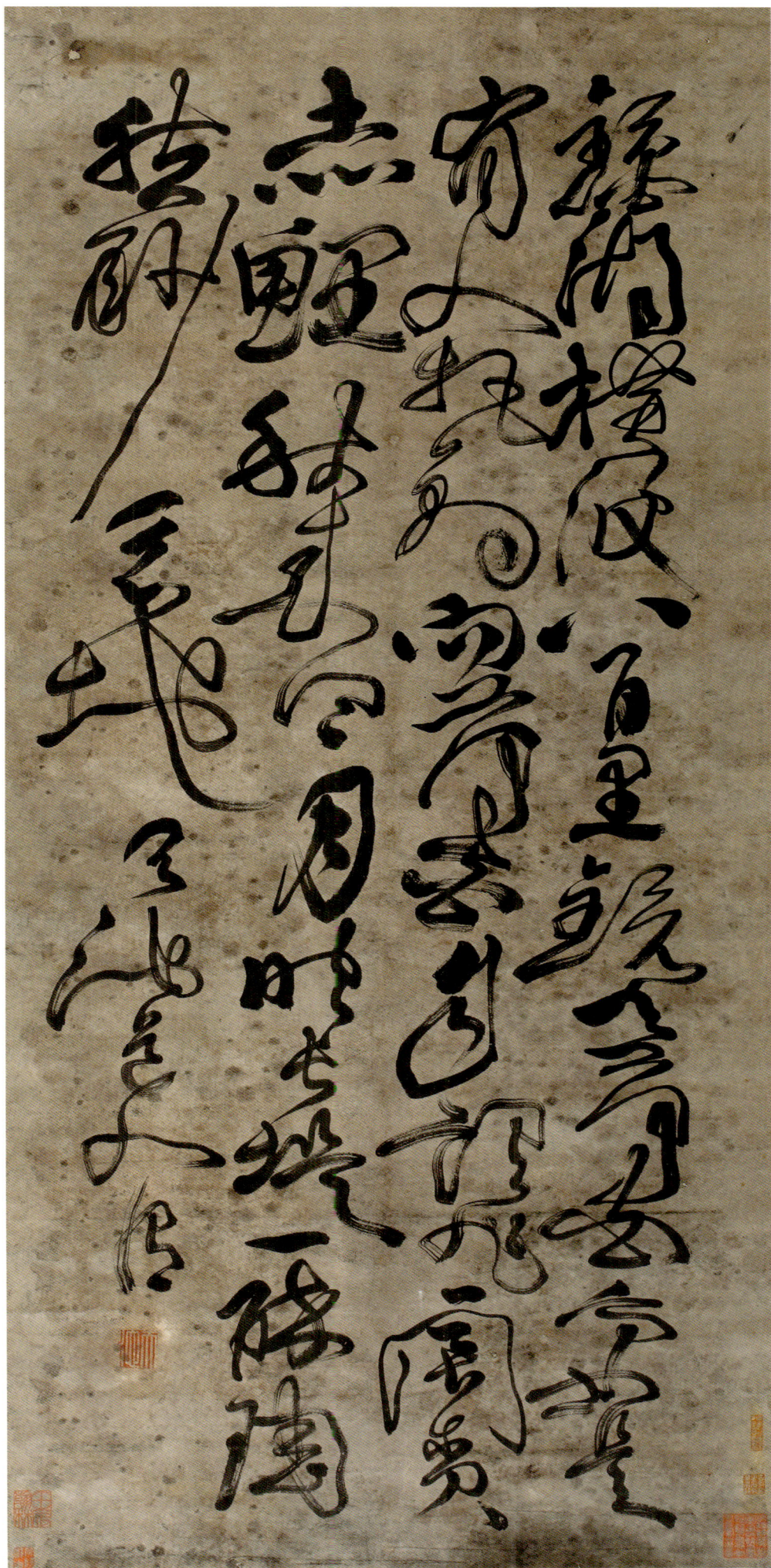

徐渭　書法

134.5cm x 63.5cm （紙本）

徐渭（1521—1593），初字文清，後改字文長，號青藤道士、天池山人，山陰人。明代書畫家、文學家、戲曲家。花鳥、山水、人物、竹石無所不工。對清代八大山人、"揚州八怪"等有很大的影響。

徐 渭　花 鳥

130.5cm x 50.0cm　（紙本）

周之冕 花 鳥

118cm x 65cm （紙本）

周之冕（1521—？），字服卿，號少谷，常熟人。明代畫家，以擅長寫意
花鳥著名。所作設色鮮艷，富有神韵。

丁雲鵬　佛　像

108.5cm x 57.5cm　（紙本）

丁雲鵬（1547—1628），字南羽，號聖華居士，安徽休寧人。明後期宮廷畫家。擅白描人物、山水、佛像，亦能作蘭草。

丁雲鵬　佛像

125cm x 61cm （紙本）

李流芳　　山水

94cm x 47cm （紙本）

李流芳（1575—1629），字長蘅，
號香海、泡庵，晚號慎娛居士，嘉定
人。明文學家、畫家。工書，擅山水。

黄道周　书法

176cm x 47cm （纸本）

黄道周（1585—1646），字幼玄，一作
幼平，又字螭若、螭平，號石齋，漳浦銅
山人。世人尊稱其爲石齋先生。明末學者、
書畫家、文學家。通天文、理數，工書善
畫，詩文、隸草皆自成一家。

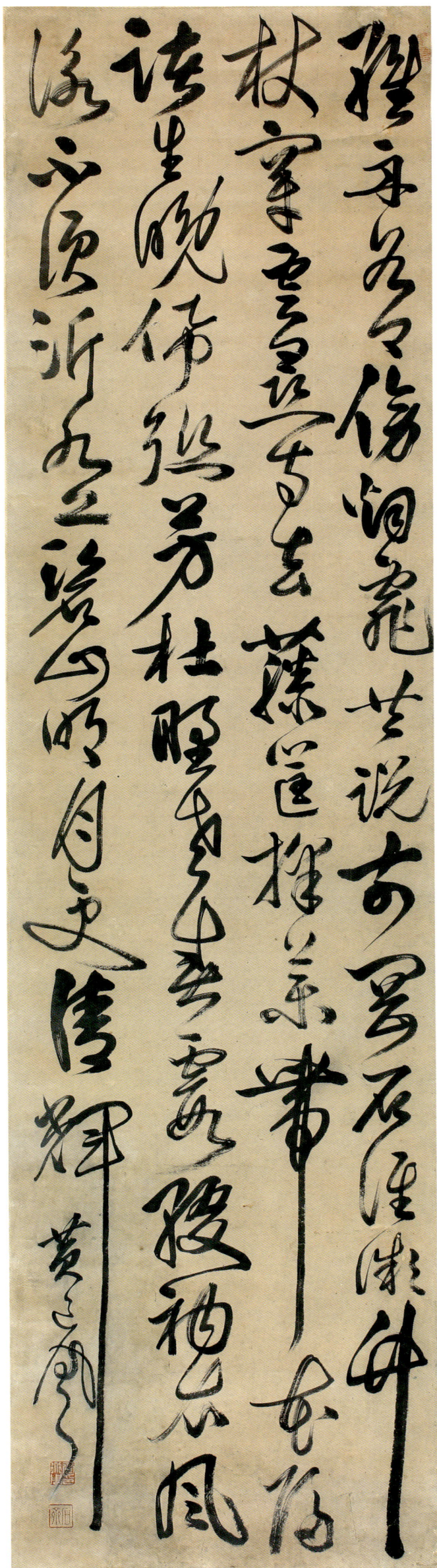

王 鐸　山水

134.5cm × 41.5cm　（紙本）

王鐸（1592—1652），字覺斯、覺之，號十樵、
嵩樵、癡庵，又號癡仙道人等，河南孟津人。
世稱"王孟津"。明末清初書畫家。博學好古，
工詩文山水，間作蘭、竹、梅、石，灑然有
物外之趣。尤擅書法，筆法大氣，有北宋大
家之風。

雪後園林已花西風吹起
雁行斜溪山窜、無人近好
問林逋處士家
順治癸巳大寒後五日
易菴項聖謨

項聖謨　　山水

127.5cm x 61.0cm　（紙本）

項聖謨（1597—1658），初字逸，後字
孔彰，號易庵、子璋、子毗、胥山樵等，
秀水人。明末清初書畫家。工山水、花鳥。

011

別岫連蒼靄
寒涇漱石根
王鑑

王 鑑 山 水

136.5cm x 39.0cm （紙本）

王鑑（1598—1677），字元照，一字圓照，號湘碧、染香庵主等，太倉人。王世貞曾孫。明末清初畫家。工書畫，精鑒賞。

風雨吹兮入弦中，呼鳴兮雨漫濛。筆飛兮冷冷，恍歸兮東海之濤。不見寶華卉兮掩曜，宵百谷之山川

傅山

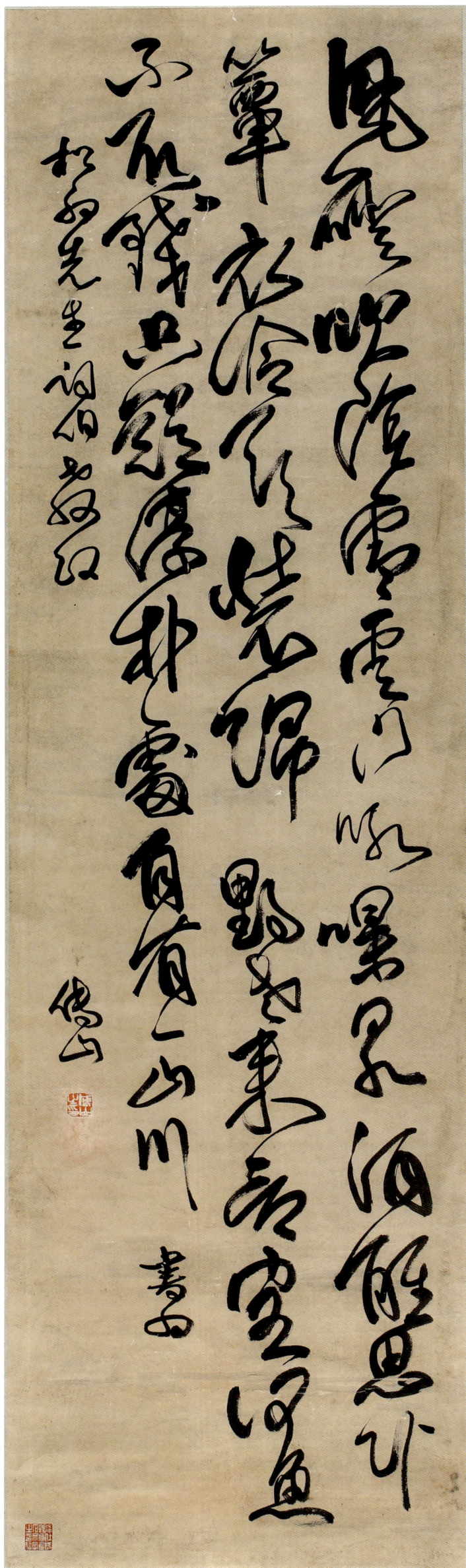

傅山　書法

164.5cm × 46.5cm （紙本）

傅山（1607—1684），初名鼎臣，字青竹，後改字青主，又有濁翁、觀化等別名，山西陽曲人。明末清初思想家、書畫家。詩文、書畫、醫學兼通。

傅山　書法

142cm x 51cm （紙本）

查士標　　山水

101.5cm x 38.5cm （紙本）

查士標（1615—1698），字二瞻，號梅壑
散人、懶老，自號後乙卯生，安徽休寧人，
流寓江蘇揚州。清初書畫家、詩人。專事
書畫，精鑒別。書法米芾，行筆俊逸豪放，
神韵深邃。晚年畫風突變，直窺元人之奥。

丙辰秋七月朔日
梅壑查士標

查士標　山水

105cm x 39cm　（紙本）

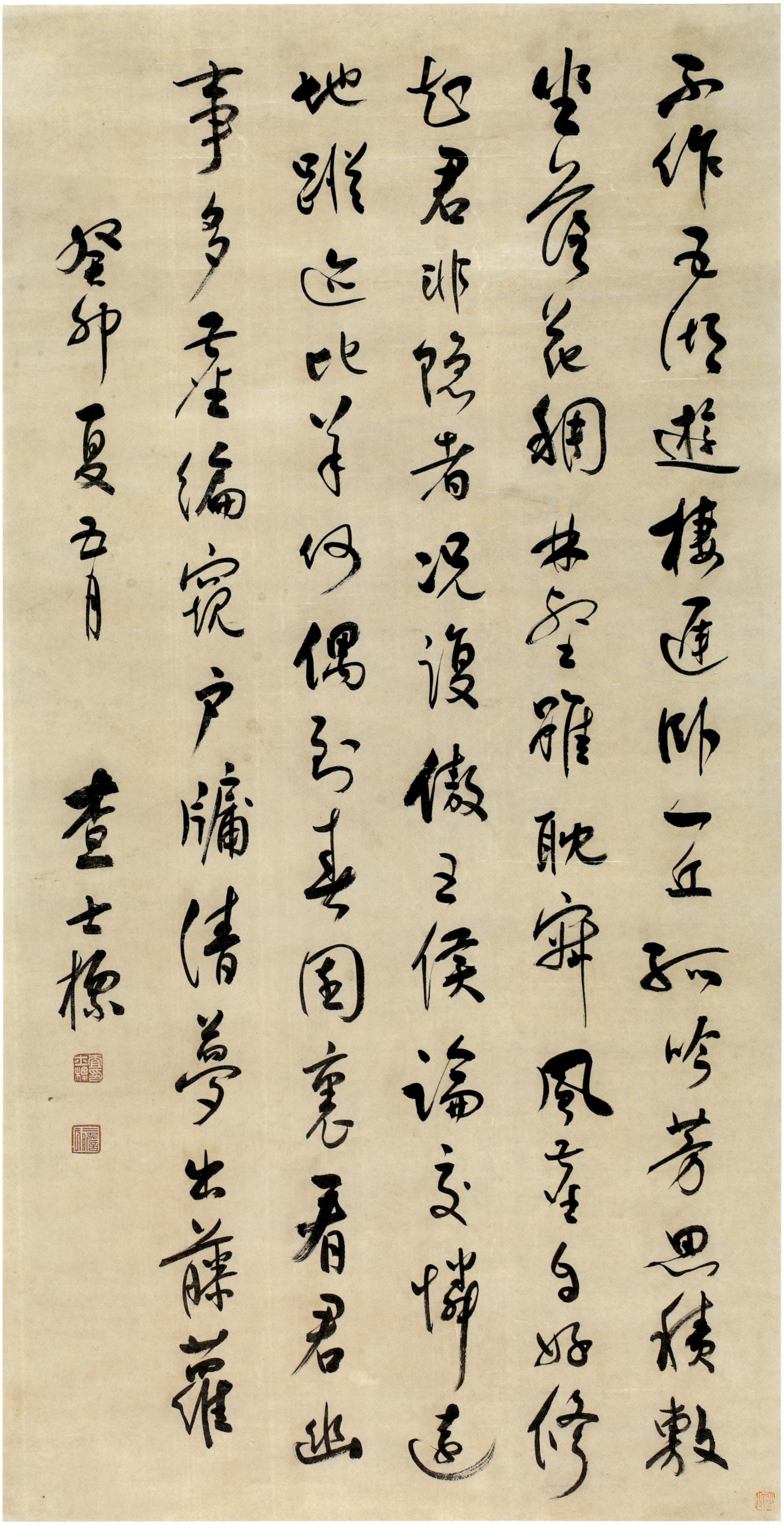

不作遊樑邸一丘孤吟芳思復橫敷
坐愛花綢林空雅耽審風雲自好修
起君邪賒況復傲三侯論交惜遠
地豈此羊叨偶弓去固寬看君幽
事多產編宦戶牖清夢出藤蘿
癸卯夏五月
查士標

獨行龍背上來前曉
雲邊 庚午九月
瞿山梅清

梅清　山水

115.5cm x 48.5cm （紙本）

梅清（1623—1697），字淵公，亦作遠公，
號瞿山，安徽宣城人。詩、書、畫皆擅。與
石濤友善，切磋書畫，互相影響。兩人皆以
描繪黃山著稱，皆有"黃山派巨子"的譽稱。

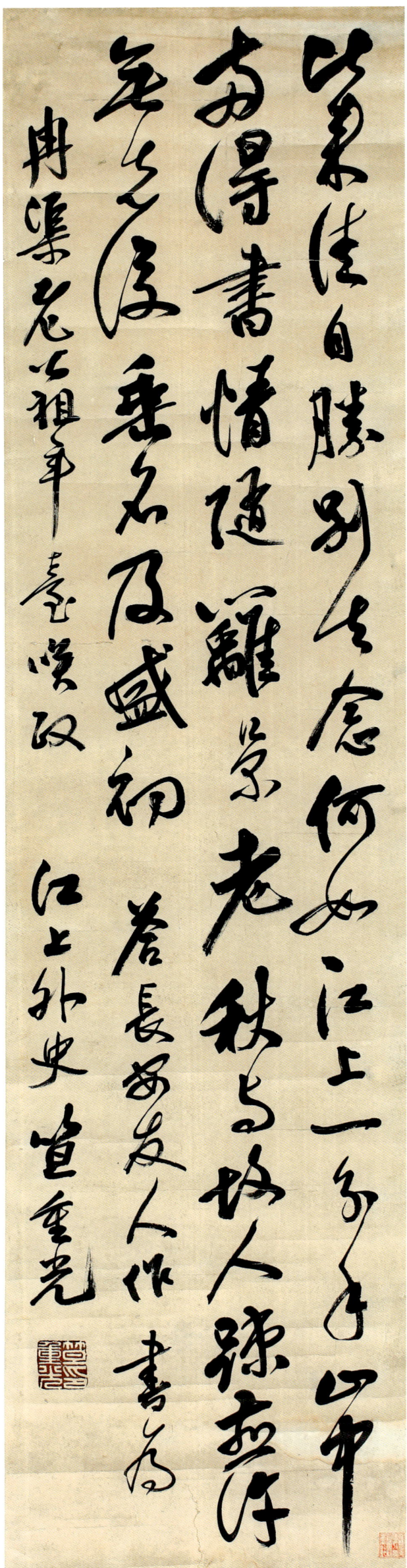

莫遣清自勝別之念何如 江上一家亭中

南得書情隨離索老秋

無之廈乗石及盛初

冉渠老六祖革

蒼長好友人作

喜嘆政

書為

江上外史 笪重光

笪重光　　書法

165.0cm x 40.5cm （紙本）

笪重光（1623—1692），字在辛，號君宜，又號逸叟、江上外史、郁岡掃葉道人，晚年居茅山學道，改名傳光、蟾光，亦署逸光，號奉真、始青道人，江蘇句容人。善書畫，名重一時。

周 淑 禧　　花　鳥

75cm x 32cm　（絹本）

周淑禧（1624—1705），號江上女史、江上女士，江蘇江陰人。周榮起次女，周淑祜之妹，姐妹師事文俶。工畫花鳥草蟲，兼工佛像人物，擅寫觀音大士像。

朱耷 花鳥

130cm x 61cm （紙本）

朱耷（1626—1705），字雪個，號八大山人，江西南昌人。明末清初畫家。擅書畫、花鳥，以水墨寫意爲主，亦工書法，能詩文。明亡後削髮爲僧，爲"清初畫四僧"之一。

朱耷 花鳥

174.5cm x 86.0cm （紙本）

牛石慧 花鸟

137.0cm x 57.5cm（絹本）

牛石慧（1625—1672），字秋月，江西南昌人。清初書畫家。係明太祖第十七子朱權後裔。本名朱道明，爲朱耷從弟。

朱彝尊　花鳥

133.0cm x 32.5cm （紙本）

朱彝尊（1629—1709），字錫鬯，號竹垞，
秀水人。清文學家、學者、藏書家。

偶得佳句放聲笑

欣見故人擊地歌

雲溪惲壽平

惲壽平　　書法

132cm x 25cm x 2 （紙本）

惲壽平（1633—1690），原名格，字壽平，後以字行，改字正叔，號南田，別號白雲外史、雲溪外史等，江蘇武進人。擅沒骨花卉、草蟲，與王時敏、王鑑、王翬、王原祁、吳歷合稱"清六家"。行楷取法褚遂良。

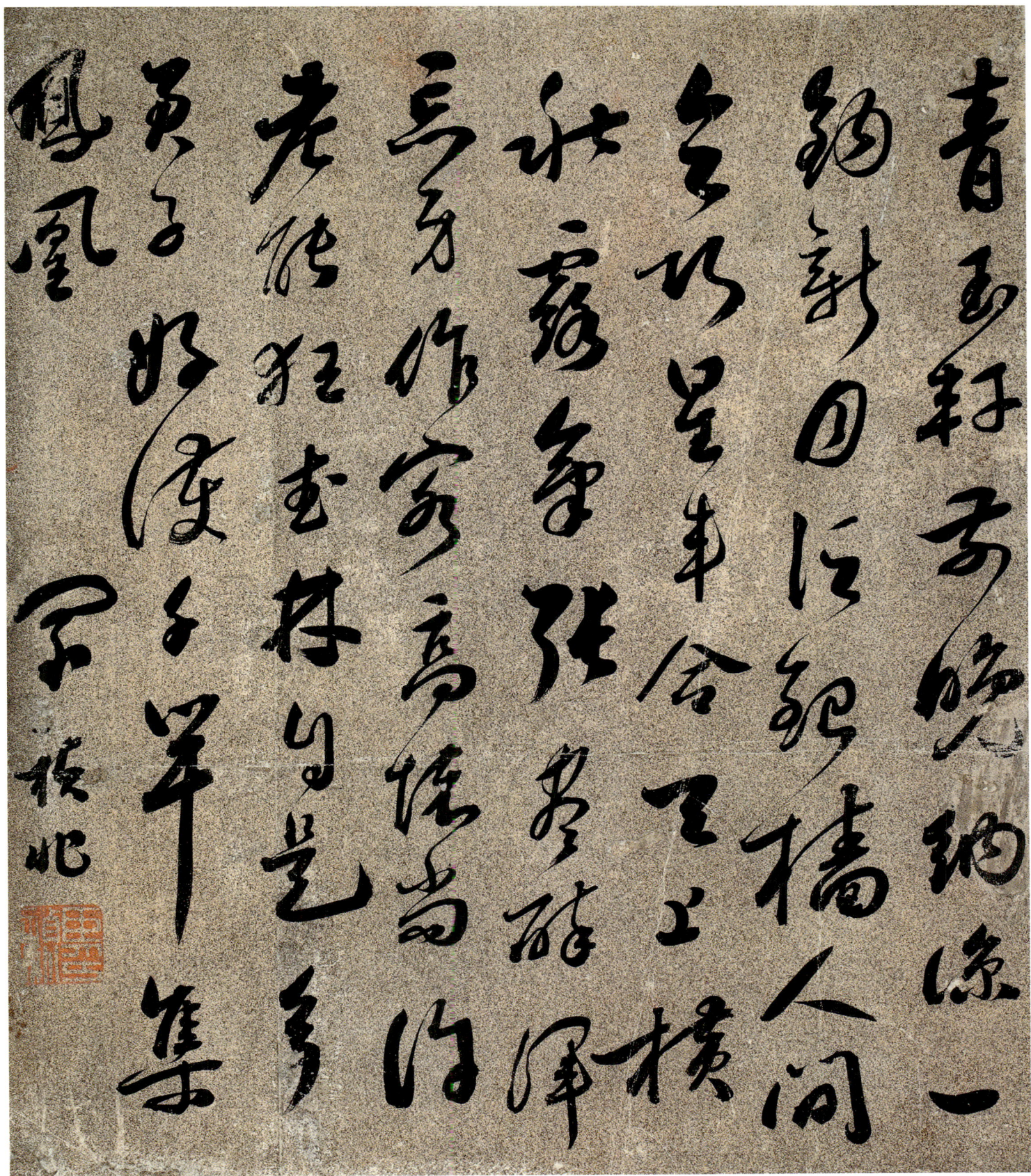

青玉軒乃曉納涼一
鉤新月上銀橋人間
公彴是年令上上横
秋窗畫鄉張暉軍
馬芳作家高揮毫
老翁狂走林句竟多
黄子好凌天半隻
鳳凰

闞禎兆   書法

34.7cm x 29.5cm （紙本）

闞禎兆（1641—1709），字誠齋，號東白，別號大漁，雲南通海人。既
工于文，又善于書，以草書名震于世。

楊晋　人物

130.5cm x 64.0cm （紙本）

楊晋（1644—1728），字子和、子鶴，
號西亭、二雪、谷林樵客、鶴道人、野鶴，
江蘇常熟人。清初宮廷畫家。擅長山水，
亦寫人物、花鳥，尤長畫牛。

観瀑図
摹倣沈石田先生筆意
時在癸酉清明前一日
西亭楊晉為雅柏文軒

楊晋　山水

97.0cm x 42.7cm （紙本）

秋山暮靄
仿劉松年畫意
于松雪也
子鶴楊晉

楊晋　山水

78.0cm x 31.5cm　（絹本）

陳書 花鳥

108.8cm × 40.5cm （紙本）

陳書（1660—1736），字南樓，號上元
弟子，晚號南樓老人，秀水人。清代女
畫家，善畫花鳥、蟲草，山水、人物亦
擅長，間繪觀音、佛像等。

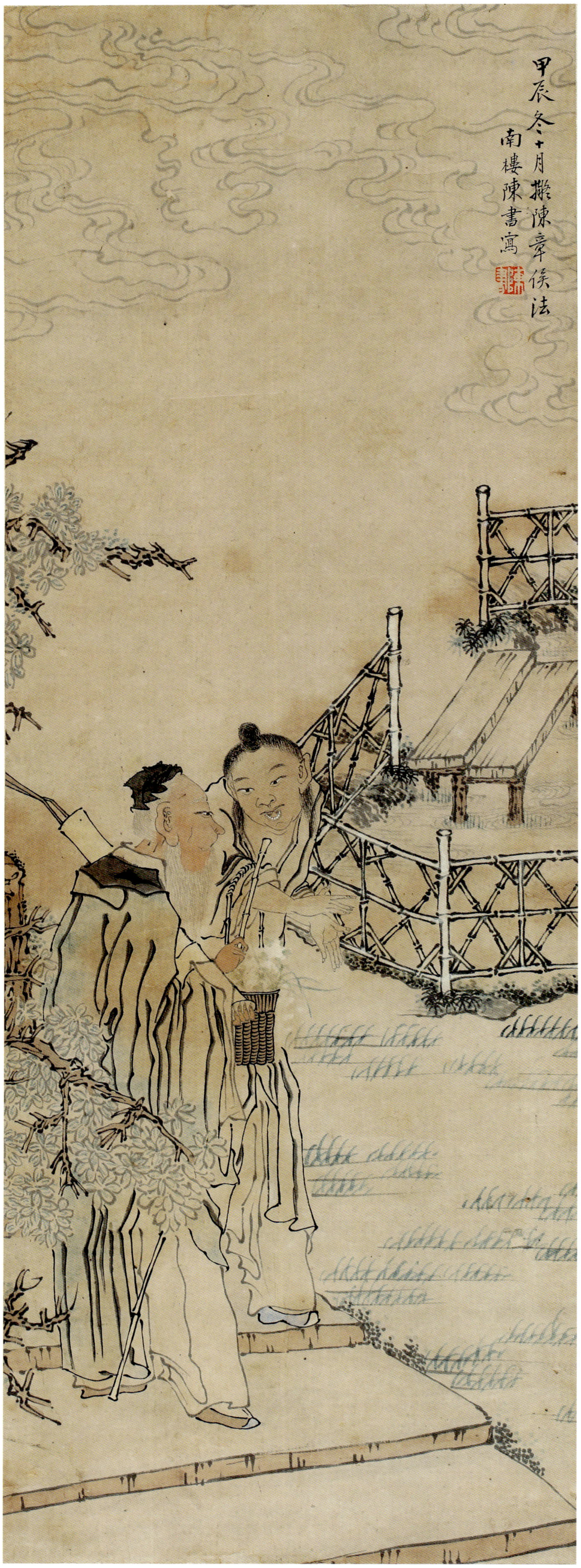
甲辰冬十月擬陳章侯法
南樓陳書寫

陳書 人物

85.5cm x 30.5cm （紙本）

黄鼎 山水

133.5cm x 68.0cm （紙本）

黄鼎（1660—1730），字尊古，號曠亭、間浦、獨往客，晚號净垢老人，江蘇常熟人。善畫山水，爲王原祁弟子。

上官周 人物

64.5cm x 31.5cm （紙本）

上官周（1665—約1749），原名世顯，後改名周，字文佐，號竹莊，福建長汀人。清畫家、詩人。善畫山水、人物。

右爲局部

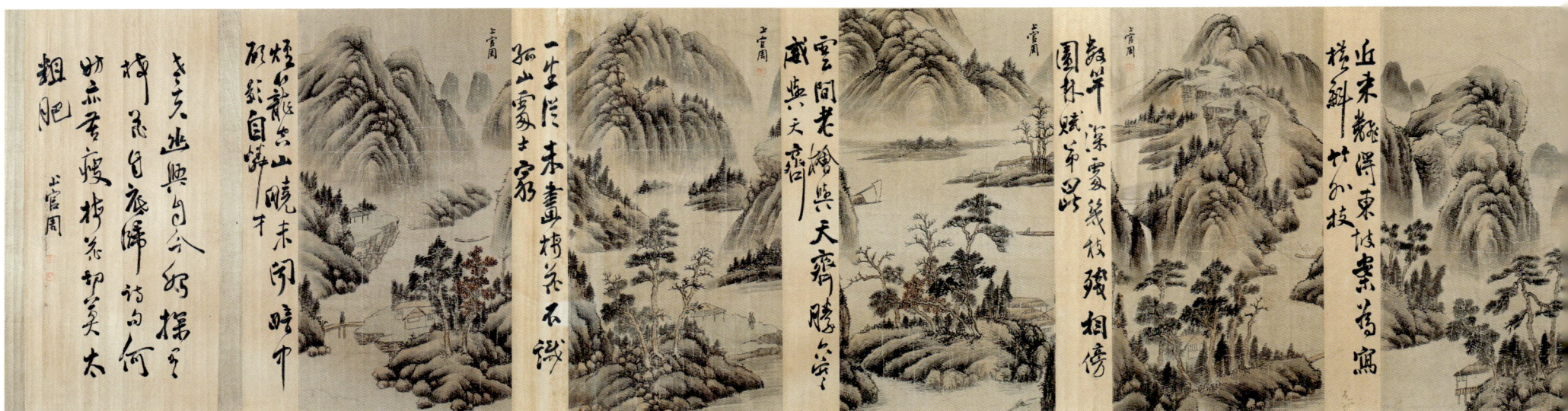

上官周　　山水

86.5cm x 約 611.5cm　（紙本）

遠山高逸　王雲閒

竹裏疎梅花泛浮
泊舟映光
流水斷人陽

春風花月不知蹤
逃化鶴
詩友返故鄉

美人宴罷酒初湘
凌亂
雲雪霽步挪

姑射仙子元冰雪姿
珠冠瓊
佩六瑤星

湘江第子元冰雪
相依藏晚時
翠袖

凌月黃昏
瀟三消
淡古今惟

蔣廷錫　花　鳥

143cm x 39cm　（紙本）

蔣廷錫（1669—1732），字揚孫、酉君，
號南沙、西谷，晚年室名青桐軒，故又號
青桐居士，江蘇常熟人。清詩人、畫家。

蔣廷錫　花鳥

59.0cm x 39.5cm（絹本）

康熙甲申冬日寫
於樂志齋
獅峰沈宗敬

沈宗敬　山水

49.5cm x 32.0cm （紙本）

沈宗敬（1669－1735），字恪庭、南季，號獅峰道人、雙杏草堂主人、
臥虛山人等，華亭人。沈荃之子。

華嵒 人物

83.0cm x 38.5cm （紙本）

華嵒（1682—1756），字秋岳、德崇，號新羅山人、白沙道人、東園生等，福建上杭人。清畫家。擅畫人物、山水、花鳥、草蟲，書法師鍾繇、虞世南，工詩。

華嵒　花鳥

126.5cm x 42.0cm （絹本）

華嵒　花鳥

83.0cm x 38.5cm （紙本）

華喦 花鳥

77.5cm x 21.0cm （紙本）

華嵒 山水

101.0cm x 37.8cm（絹本）

華嵒 花 鳥

19cm x 55cm（紙本）

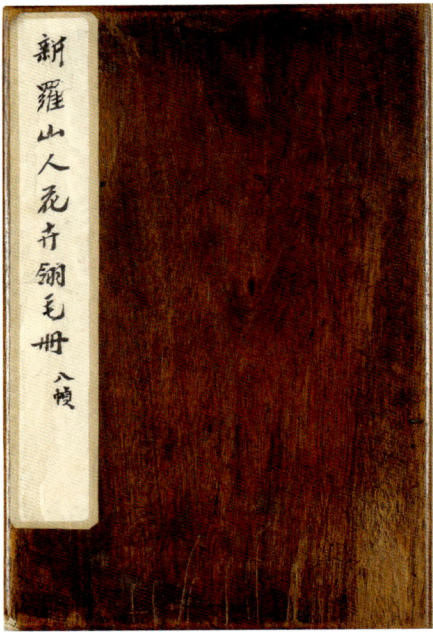

新羅山人花卉翎毛冊 八幀

華嵒 花鳥

20.5cm x 27.5cm x 8 （紙本）

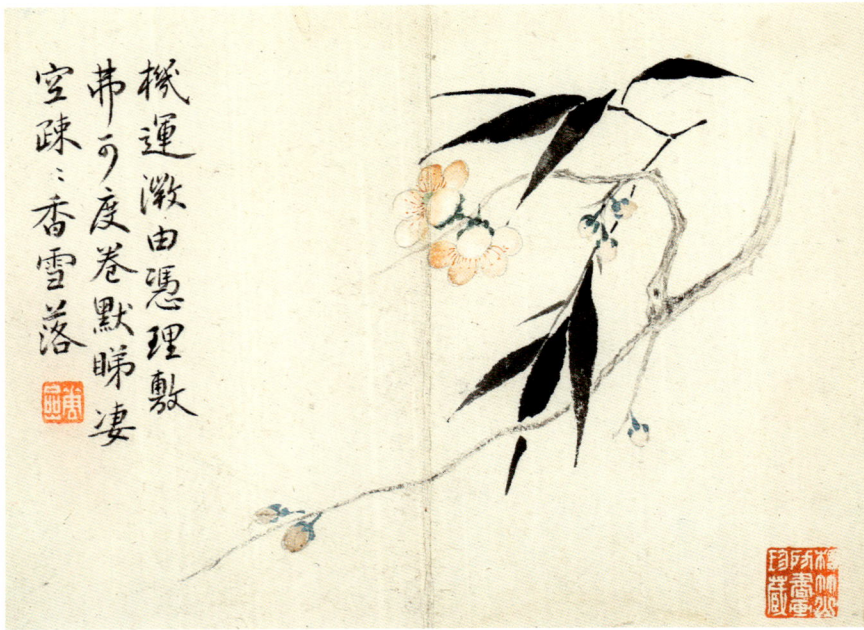

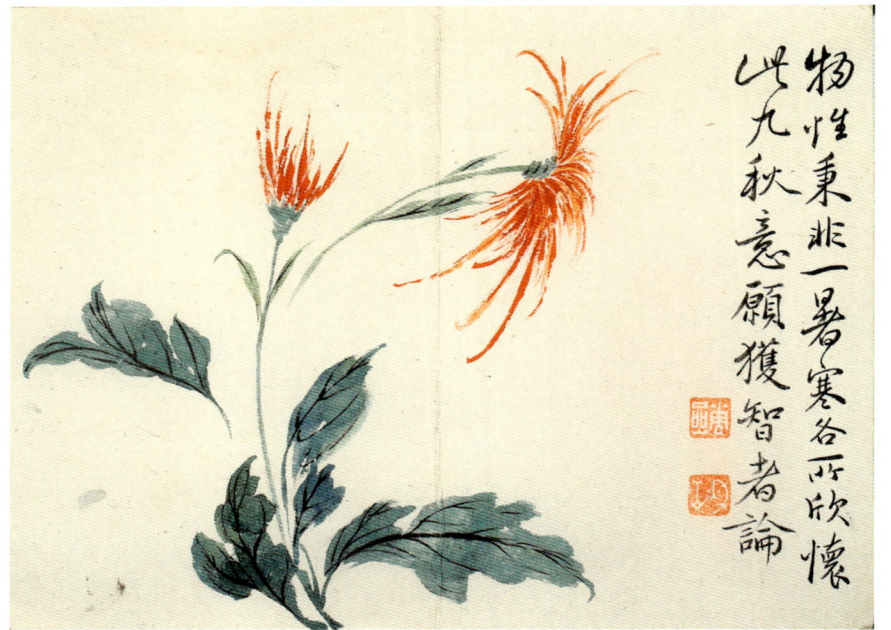

機運潎由憑理敷
帶可度卷默睇凄
空疎三香雪落

雲門已與催袛非袁中有贈
繳檄迅難防

堅振當由環環傾影淋自憐
野田匪之粟網罟密且機

物性乘東非一暑寒谷所欣懷
此九秋意願獲智者論

並影迸煙腹
素英揚澈波
荇披丹棠
活臭
緑痕
拖

廊曲媚青黻暖酣羃梁蔥傳
笑惚花人羅衣新換時

文雀最激孤毛翮何妍鮮嘩
鄣長棠烏惡聲幽人奇
劇罷山人品存題

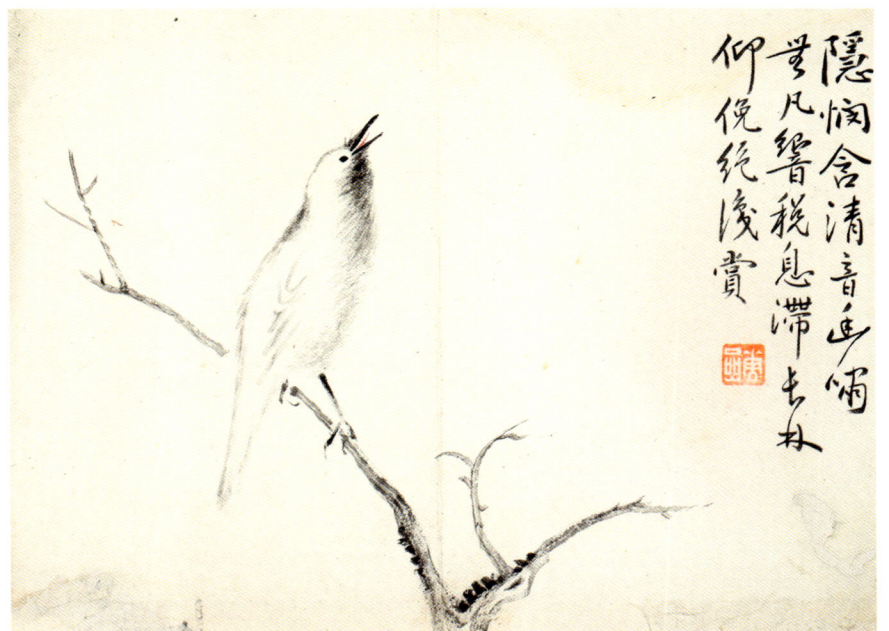

隱悯含清音延傃
暈凡醫稅愁滯去林
仰倪紀俊賞

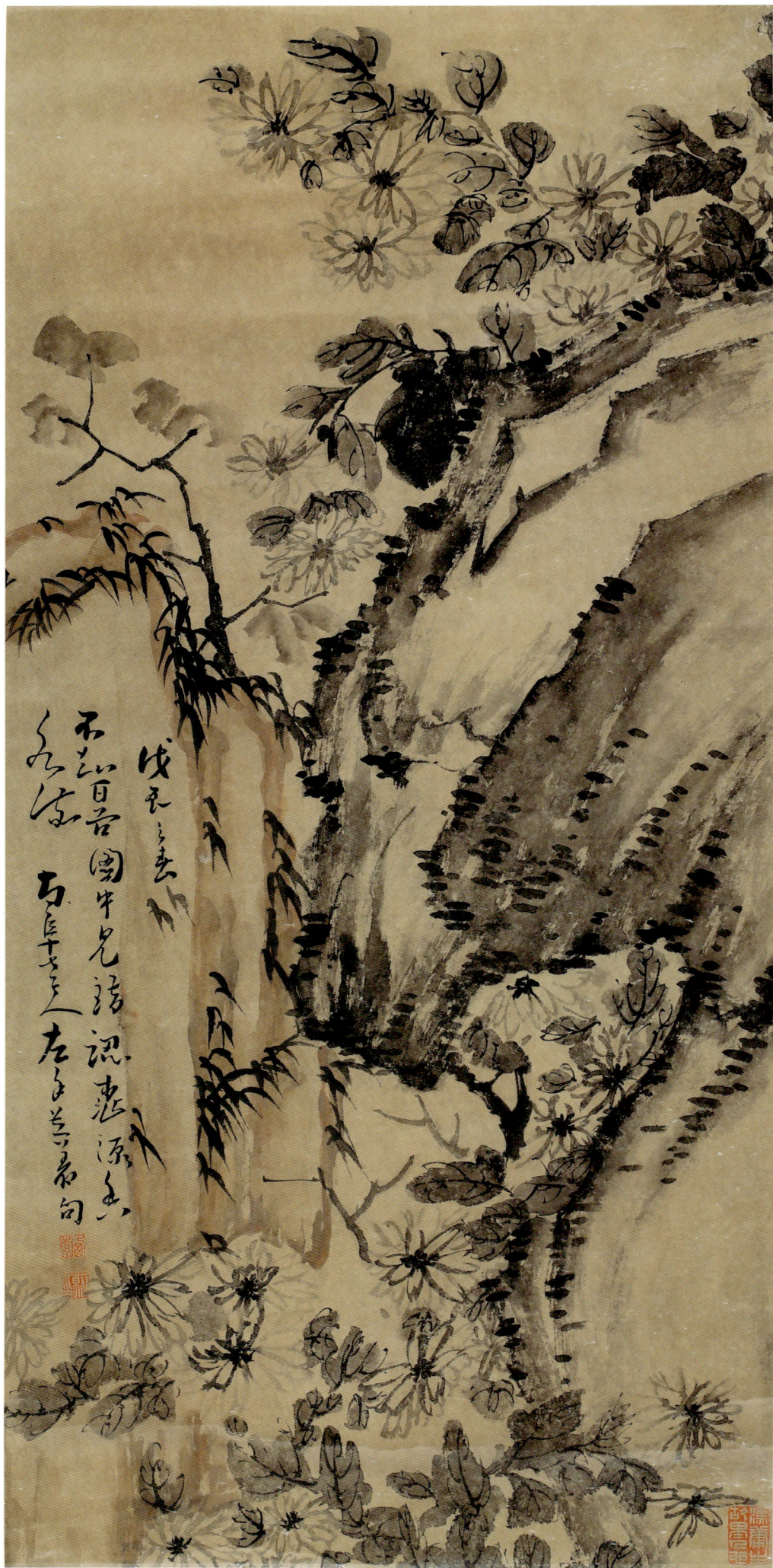

高鳳翰　　花鳥

90.8cm x 43.7cm　（紙本）

高鳳翰（1683—1748或1749），字西園，號南村、南阜老人等，山東膠州人。清代書畫家。能詩，工書法、篆刻，草書圓勁，善畫山水、花卉。晚年右手病廢，用左手作書畫，因號丁巳殘人、尚左生、老瓹等。

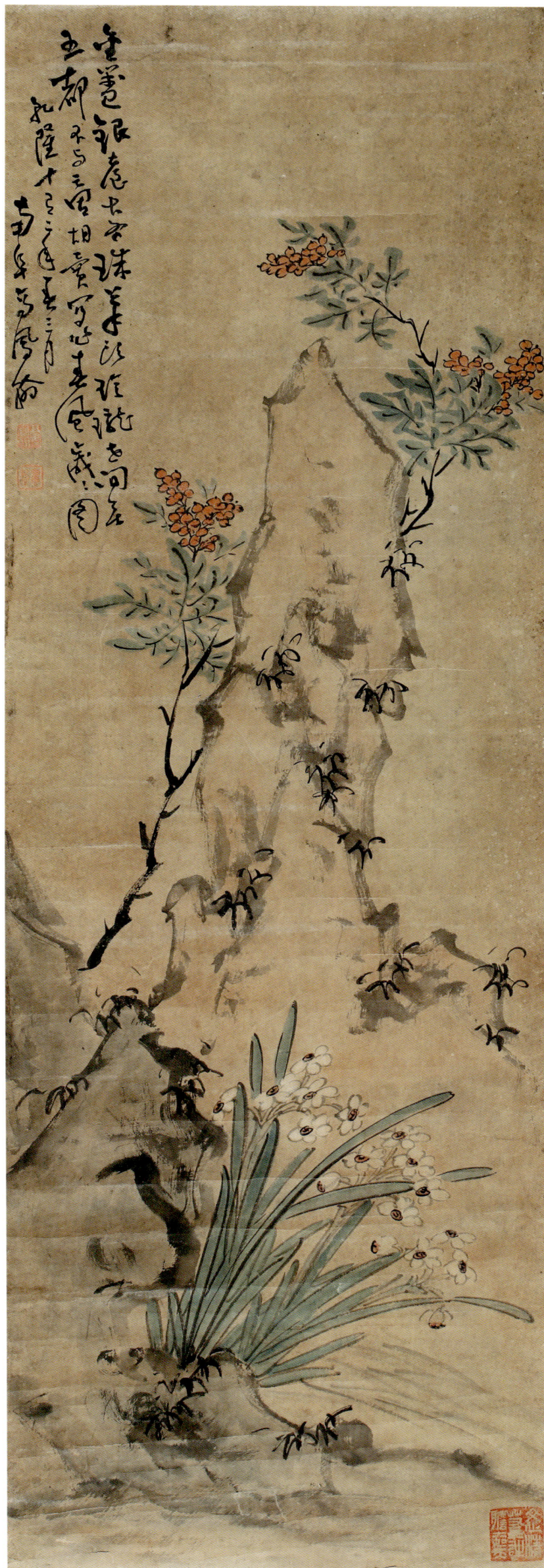

高鳳翰　花鳥

133.8cm x 45.5cm　（紙本）

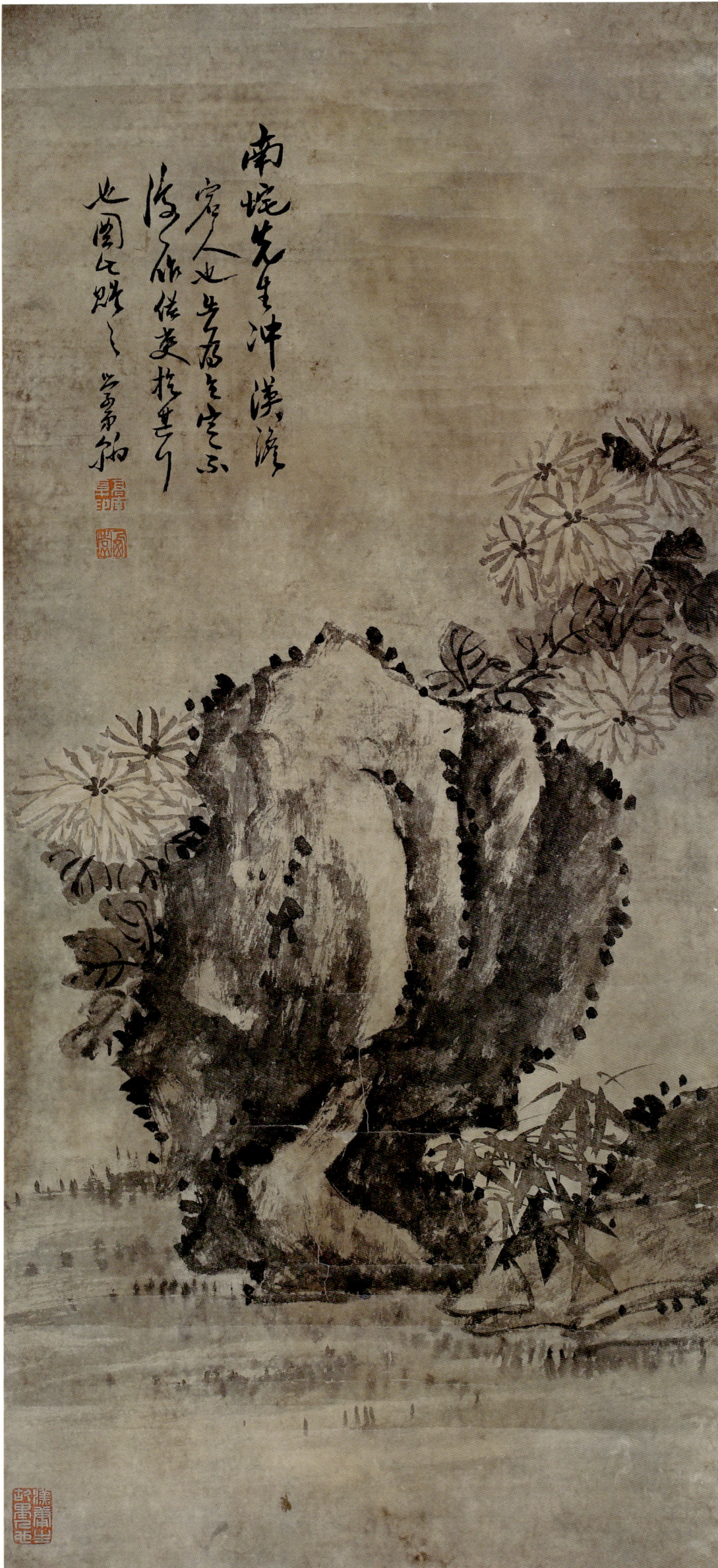

南坨先生沖漢漁
窗人必先為之定不
涉俗作逸趣拈墨之
此圖之勝之 岩翁翰
（印）（印）

高鳳翰　花鳥

94cm x 42cm　（紙本）

南坡先生冲漢游
窗人必兴岁為之定不
傷飛係係来拾其行
此圖比燃之　　学南村

高鳳翰　花鳥

77cm x 38cm （紙本）

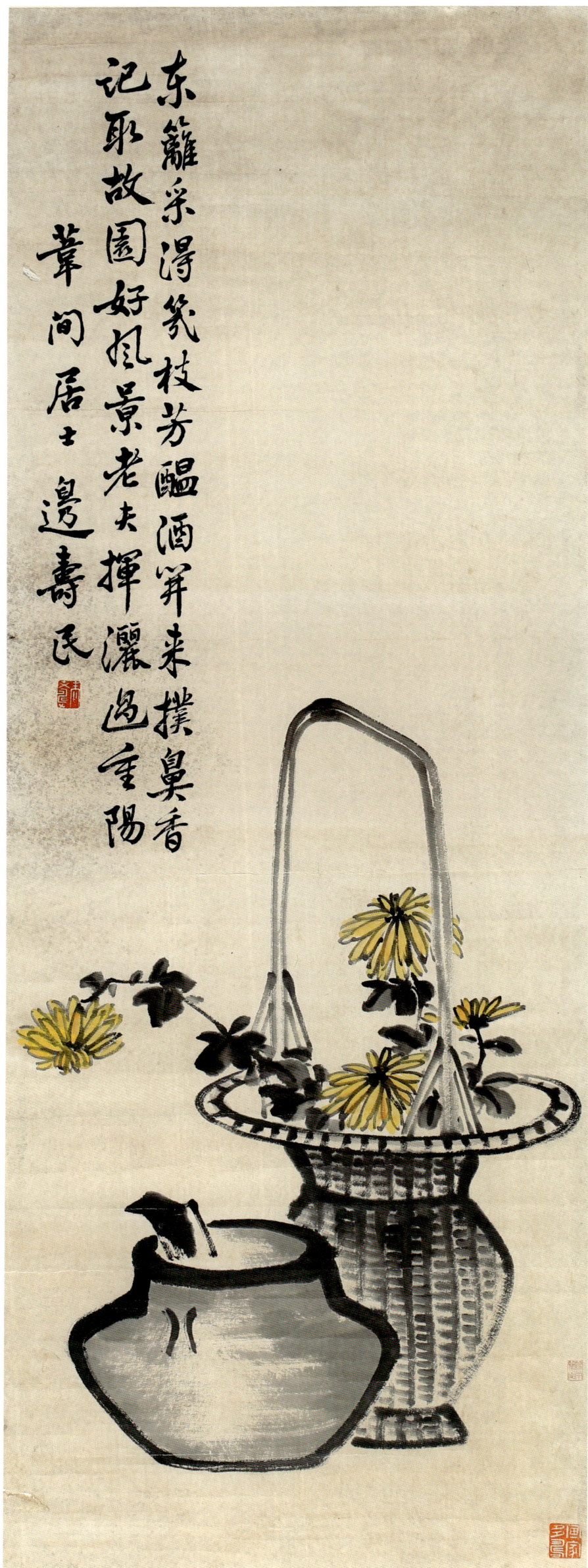

東籬采得幾枝芳醞酒罇來撲鼻香
記取故園好風景老夫揮灑過重陽
葦間居士 邊壽民

邊壽民　　花鳥

134cm x 49cm　（紙本）

邊壽民（1684—1752），原名維祺，字壽民，後以字行，更字頤公，號漸僧、葦間居士等，江蘇山陽人。清代詩人、書畫家。擅花卉、翎毛，尤以蘆雁馳名江淮，有"邊蘆雁"之譽。其用潑墨法創作蘆雁，瀟灑生動。又畫山水、花卉，別有逸致。人稱"淮上一高士"。

邊壽民　花 鳥

82.0cm x 31.5cm　（紙本）

倦羽息寒渚
飢腸啄野田
葦間居士
邊壽民

秋水碧于苔
秋舟傍水隈
矣伊采之飛否
不待弋人来
葦間居士

邊壽民　花鳥

34cm x 48cm x 2 （紙本）

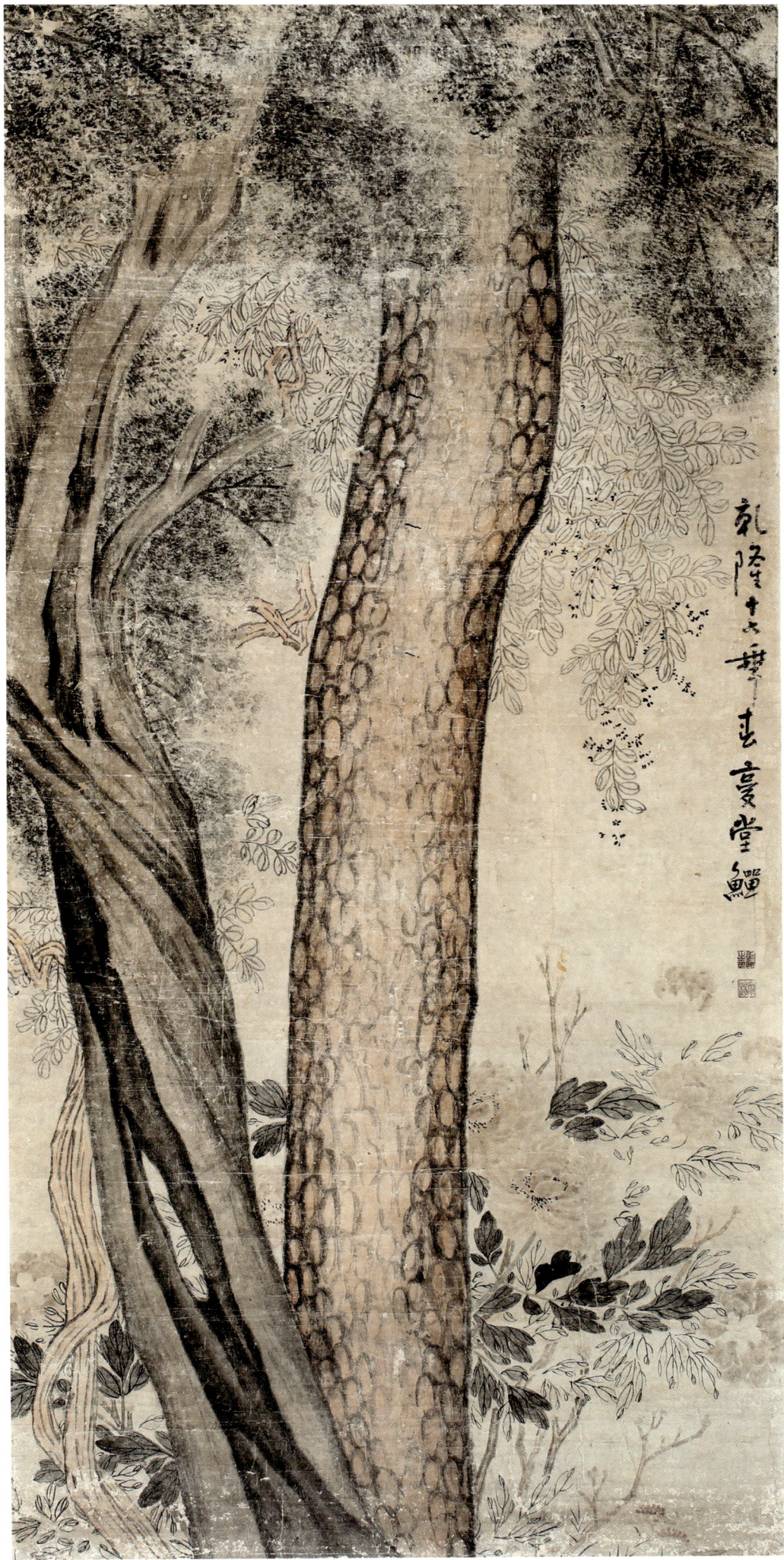

李鱓 花鳥

176.0cm x 85.5cm （紙本）

李鱓（1686—1762），字宗揚，號復堂，別號懊道人、苦李等，江蘇興化人。工詩文，擅書畫。先後隨蔣廷錫及高其佩學畫，并參以石濤筆法，遂成自家風格。喜以破筆潑墨作畫，揮灑淋漓。爲“揚州八怪”之一。

葡萄凤吹物罷凉郁上石古話斛醫清晨珠震
辰辛辛日出幽芳細香
李鱓並題

李 鱓　花鳥

94cm x 34cm（絹本）

李鱓 人 物

117.5cm × 63.5cm （紙本）

李鱓　花鳥

131.5cm x 66.0cm （紙本）

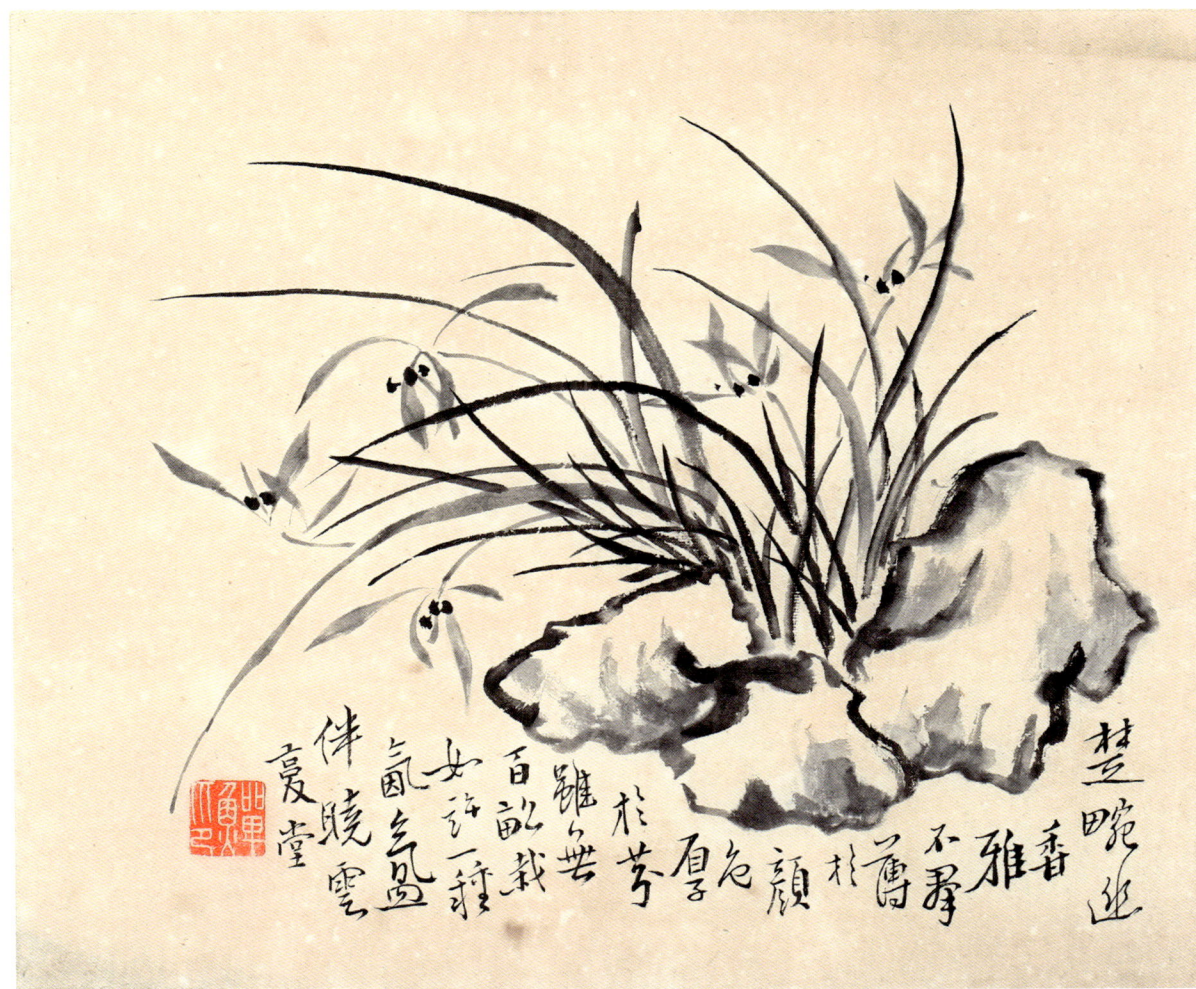

李鱓　花鳥

28.5cm x 33.5cm x 2 （紙本）

李鱓　花鳥

30.5cm × 41.0cm × 2 （紙本）

李鱓　花鳥

18cm × 53cm　（紙本）

李鱓 花鳥

28.5cm x 33.0cm （紙本）

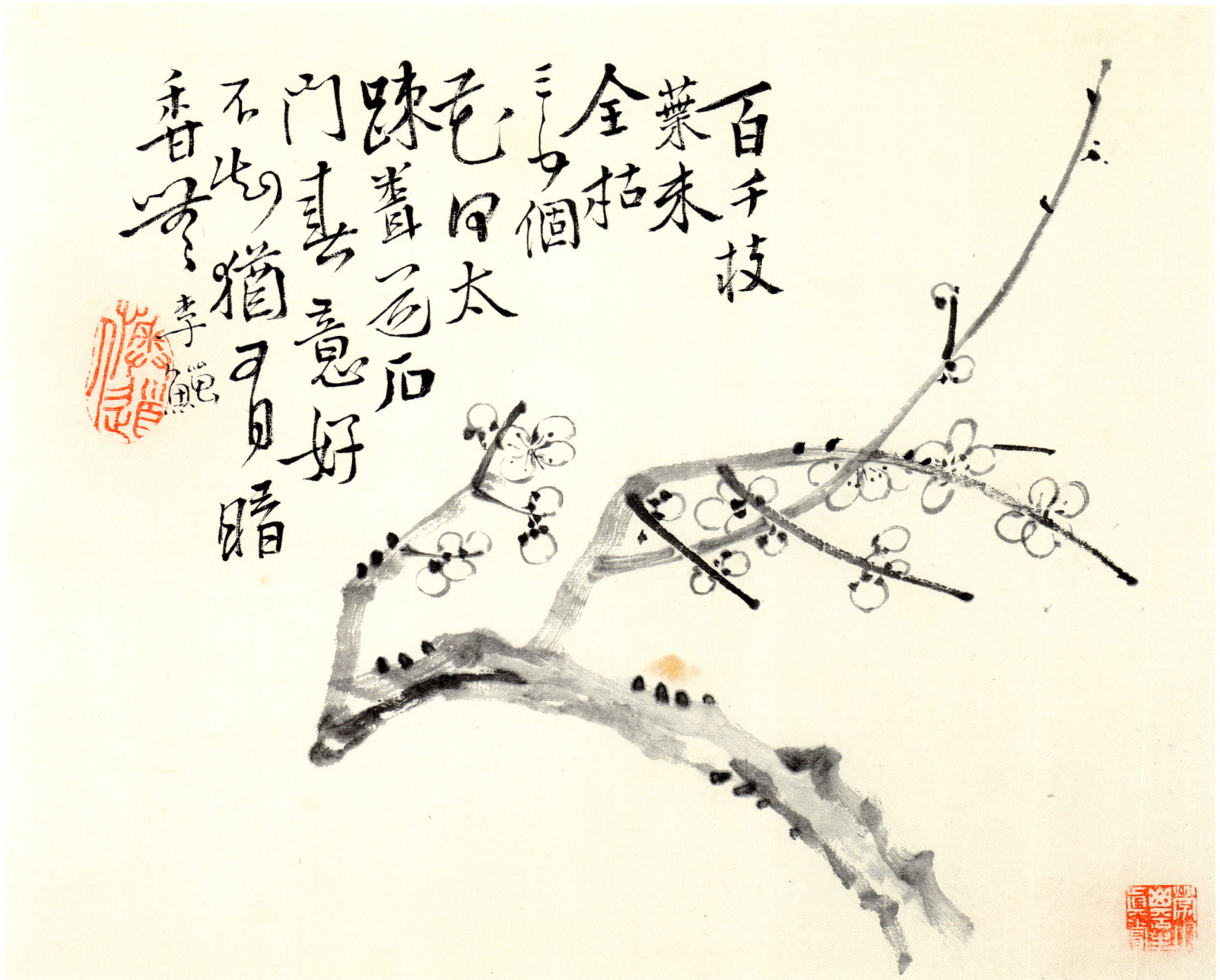

百千枝葉未全拓三個太白日陳舊石而門意好石此猶貝暗香

李鱓

李 鱓　花 鳥

28.5cm x 33.0cm （紙本）

汪士慎　　花鳥

136.0cm x 48.5cm　（紙本）

汪士慎（1686—約1762），字近人，號
巢林、溪東外史等，安徽休寧人。清代
書畫家。工詩，善隸書，善畫水仙、梅花，
清妙獨絕。爲"揚州八怪"之一。

中唐劉言史觀繩伎七古一章

泰陵邊樂何寂寥緤繩冉冉天儌人廣場寒食風日好百夫伐

鼓錦臂新銀畫青繪扶雲煖高豪綺香更切肩立三四

層簪殿背行仍應節兩邊圓劍漸相迎側身交步何輕盈閃眹

欲落郤披得萬人月上寒毛生機險勢無不有倒挂纖髻學

垂椰不来一芙容姿粉薄鈿稀態轉奇坐中遷客沾巾者曾

見先皇初教時

余友渭華程氏曰棗強導氣引神連語空澹有月色水味之妙其刻意風格下筆稿脫亦如石簾泉清乃真得是中三昧者不能栖憲玄門必不能證身彼岸顧普天下善知識丞以慧眼照之

雍正三年歲次乙巳之中秋前二日近人汪士慎書於擁萬山堂

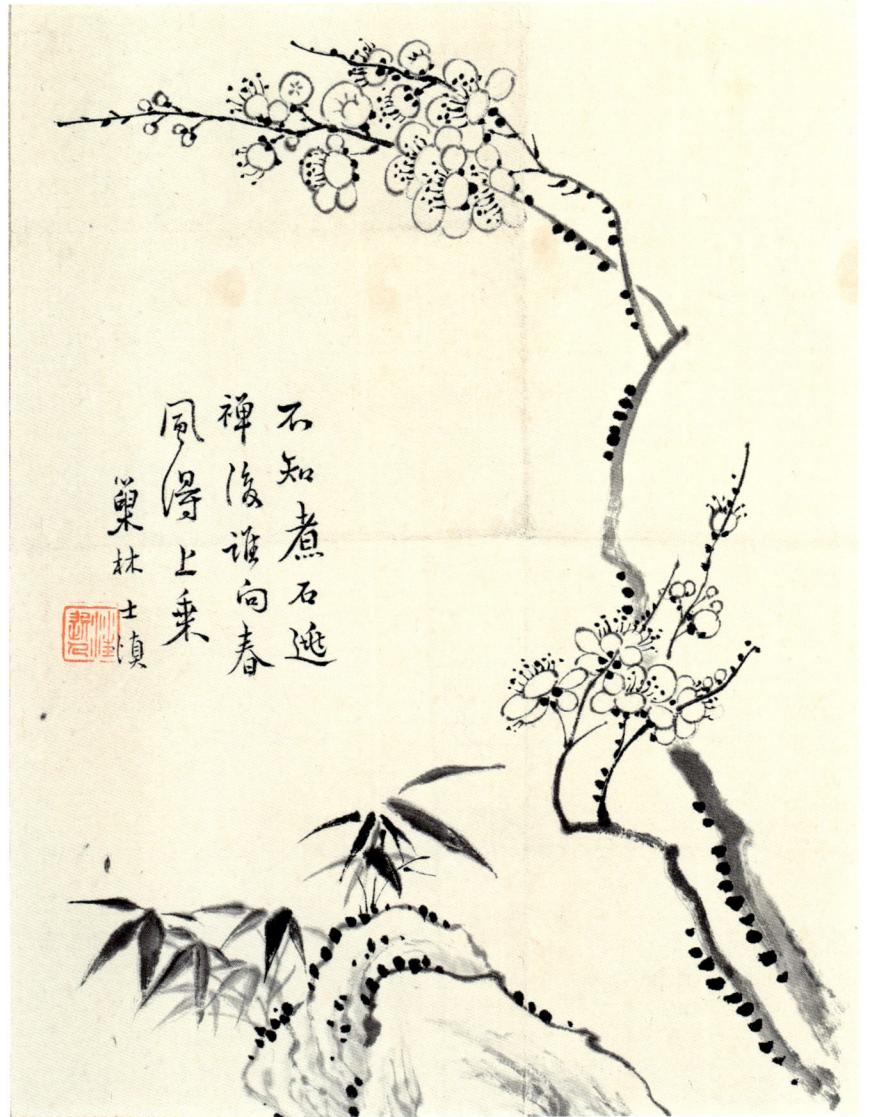

曉日檐久韶東風水墨
香葦光圈家動苔色點
來薈向月橫孤竹題詩
寫二王高縣名士屋幽
賞唉清狂

不知煮石逃
禪後誰向春
風得上乘
巢林士慎

汪士慎　花鳥

32.8cm x 24.5cm x 4 （紙本）

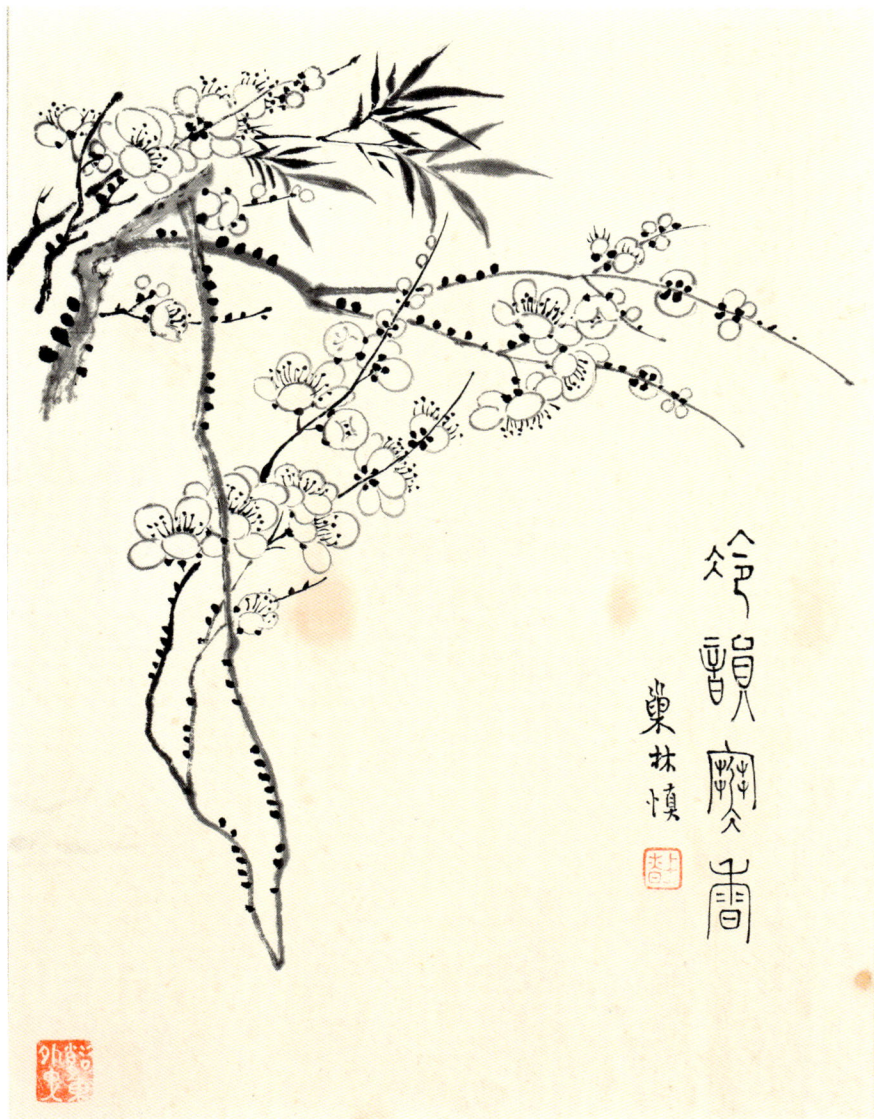

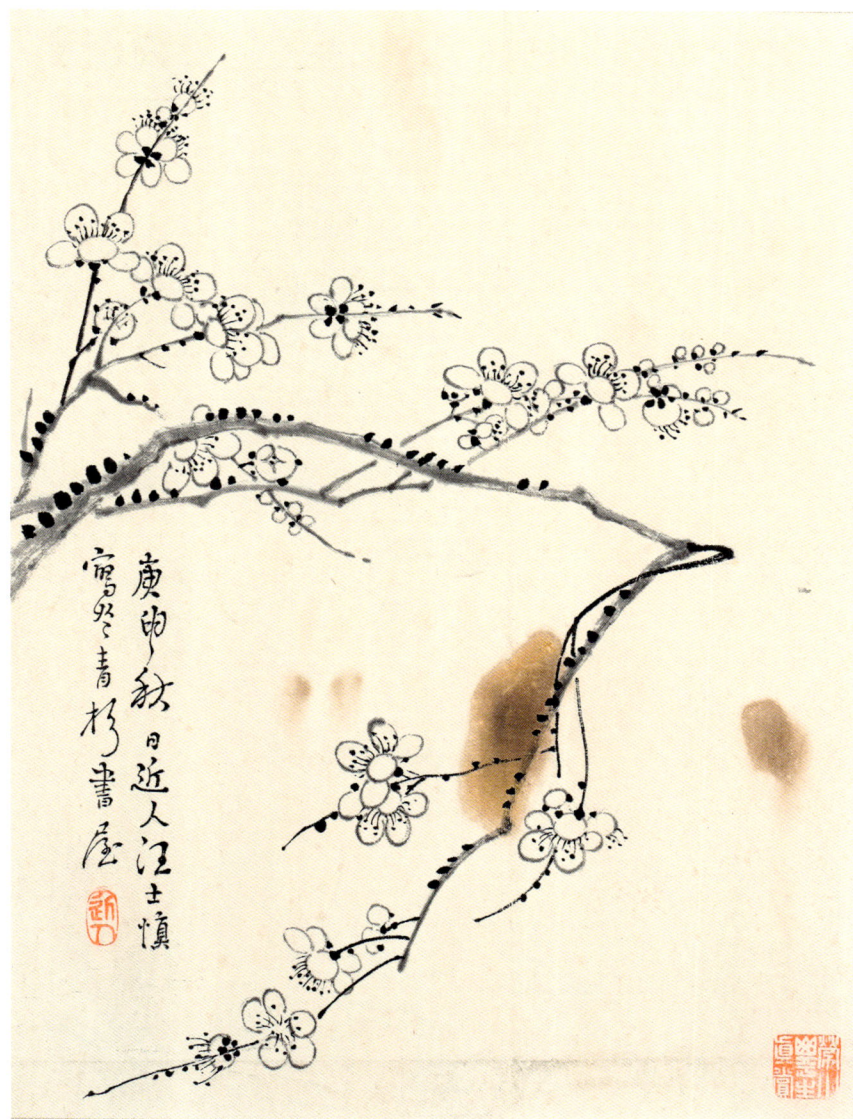

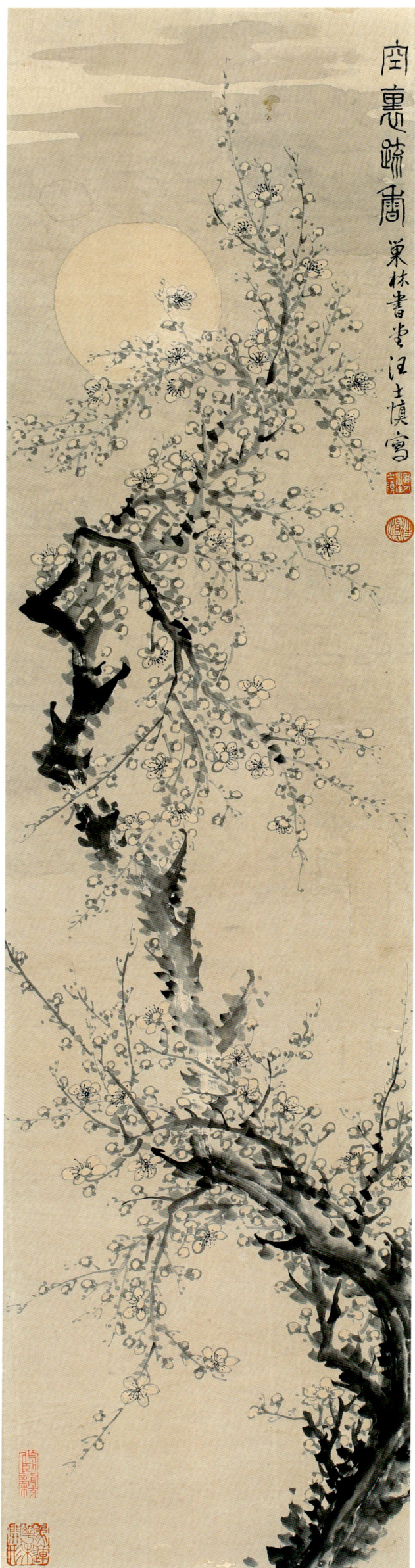

汪士慎　花鳥

117.5cm x 30.0cm （紙本）

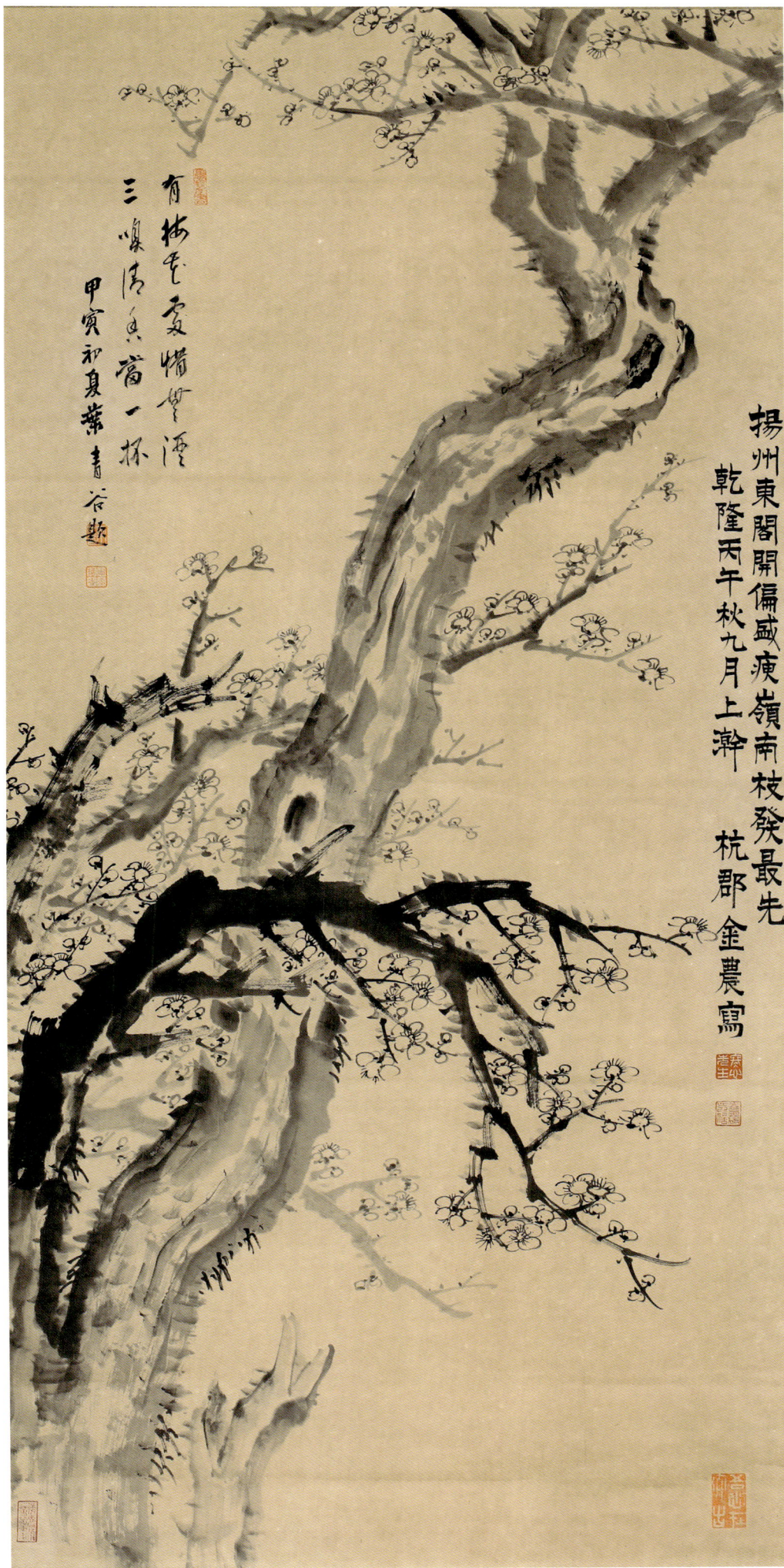

扬州東閣開偏盛瘦嶺南枝發最先
乾隆丙午秋九月上澣　杭郡金農寫

有梅無雪愛惜聲渾
三嘆渾真當一抔
甲寅初夏榮青谷題

金農 花 鳥

136.8cm x 67.0cm （紙本）

金農（1687—1763），字壽門，又字司農、吉金，號冬心先生、稽留山民、曲江外史等，浙江仁和人。清代書畫家。工詩文，書法工隸、楷，別具奇趣，時稱"漆書"。五十以後始作畫，初畫竹、梅，繼畫馬，最後畫佛。爲"揚州八怪"之首。

昔裹嵗客澤州陳閣老午亭山邨見宋人
絹本蕉林清暑小立軸用筆工妙真杳樹
天中異品也二十年來嘗在心目間漫然寫之
不在形似而在需臺不昧也
乙亥初秋
杭郡 金農

金農　山水

93cm x 37cm （絹本）

072

南宮典禮出蓬池星位推
尊眾所知舊日文名沈家
新年官職貼中儀冰廳風
冷披香早藤格藝明邊食
遲若夢江湖應念我投芋
令釋褐渺無期
乾隆己卯四月七十三翁金農

金農　書法

131.0cm x 64.5cm （紙本）

先生農磨間過雜館于水北湯氏
有卜築之意皇祐初自河南迴居洛陽人爲買宅暴衛之
起卜祠鄉人買田河南迴南安審對宅一園
不津橋南又代其節度孟津約買居對宅官地榜三月人不忍而買
之天冨鄭公又命其法客天津人居之吾儕蒙耻耳司馬溫公
寧初行買先生之宅他人居之吾儕蒙耻耳
諸公曰買之下集錢買之江舊民金農書

金農　書法

125.5cm x 51.7cm　（紙本）

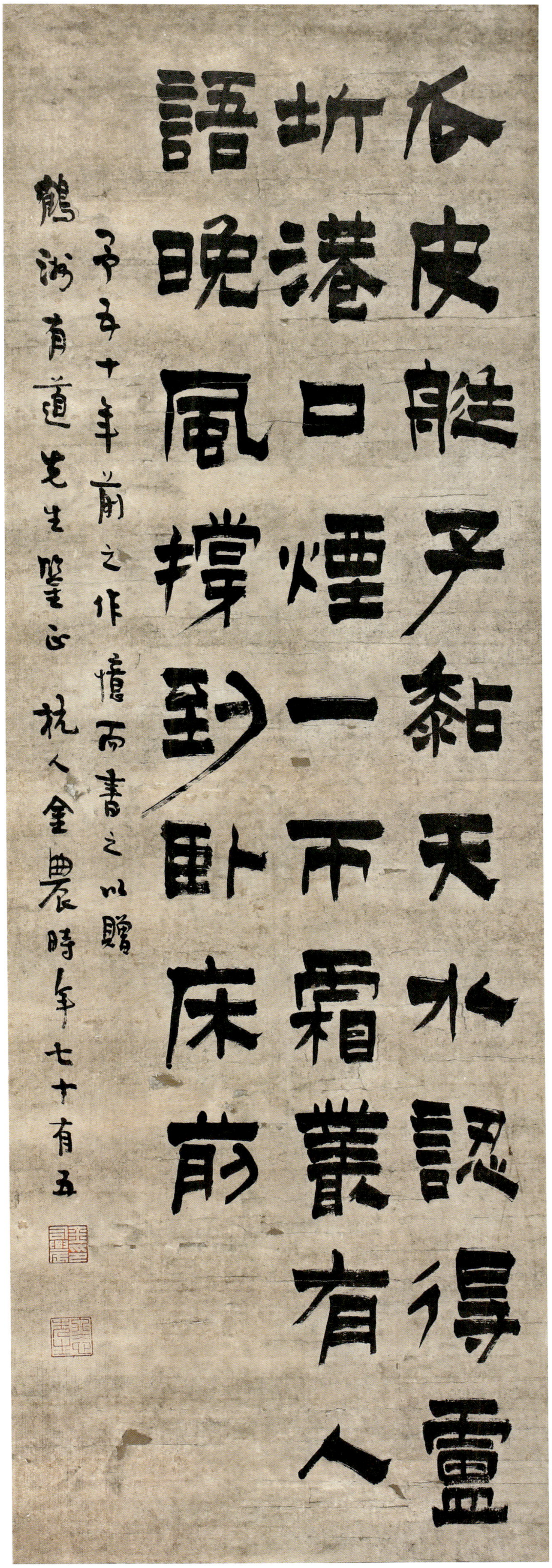

衣被舸子黏天水認得靈
坼港口煙一市霜叢有人
語晚風撐到卧床前

予五十年前之作憶而書之以贈
鶴渚有道先生鑒正
杭人金農時年七十有五

金農 書法
122.0cm x 45.7cm （紙本）

075

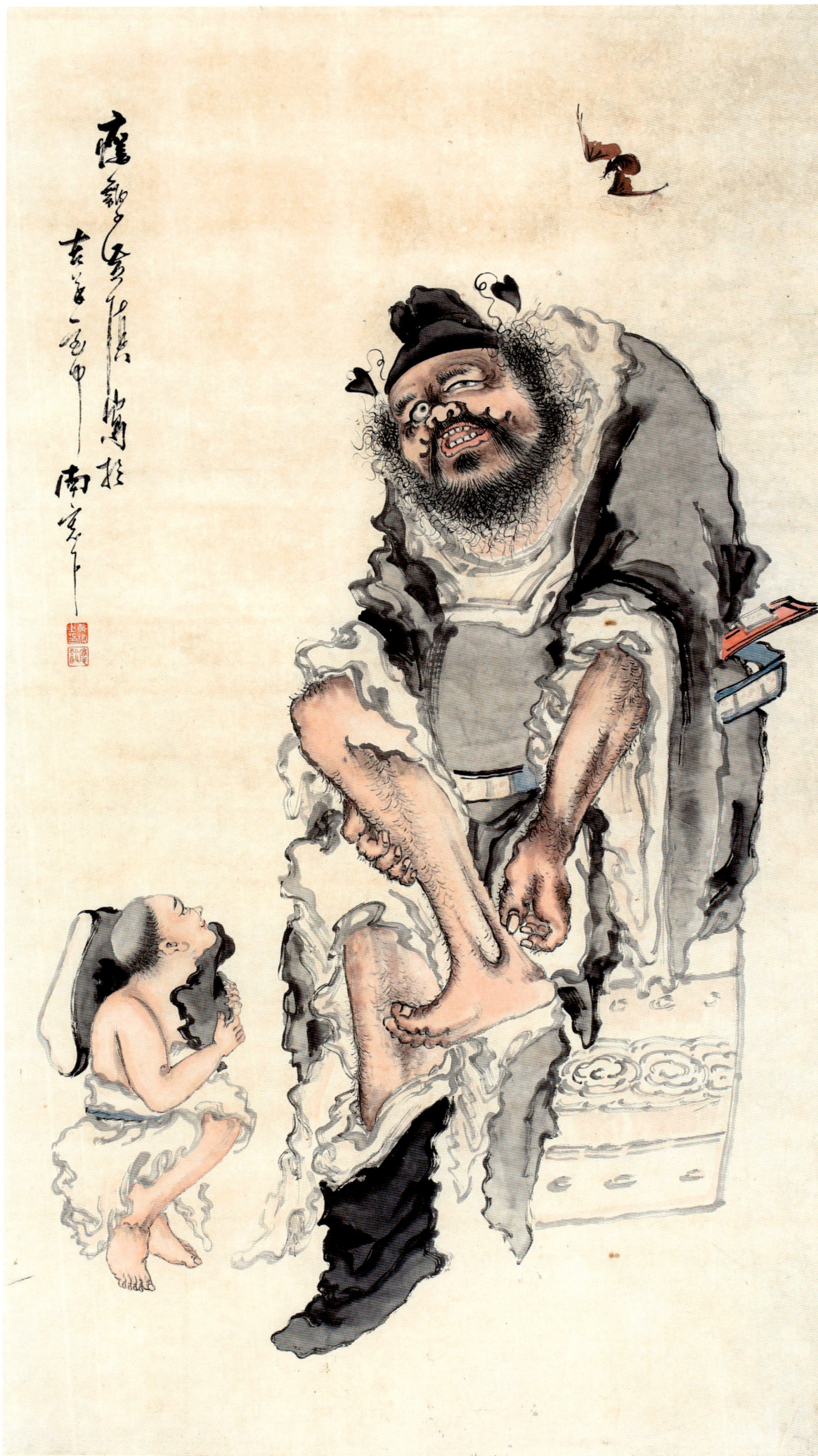

黄 慎　人　物

145cm x 80cm　（紙本）

黄慎（1687—1768後），字恭懋、恭壽，號癭瓢子、東海布衣等，福建寧化人，寓居揚州。清代書畫家。人物、山水、花鳥無一不精，尤工人物畫。爲"揚州八怪"之一。

黄 慎　　人 物

131cm x 70cm （纸本）

黄 慎　　人 物

134.5cm x 67.5cm （紙本）

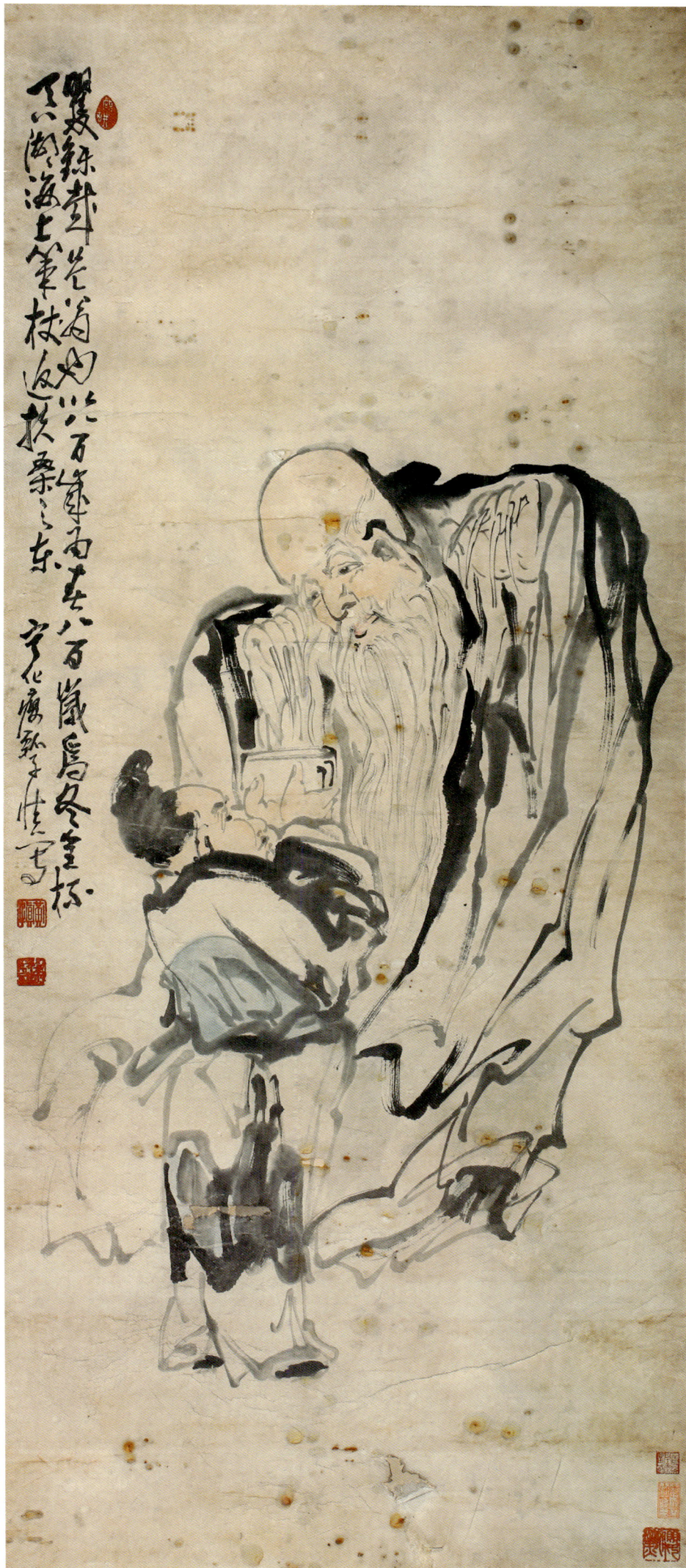

黄 慎　人 物

121.0cm x 51.5cm （紙本）

黄 慎 人物

27.4cm x 176.0cm （纸本）

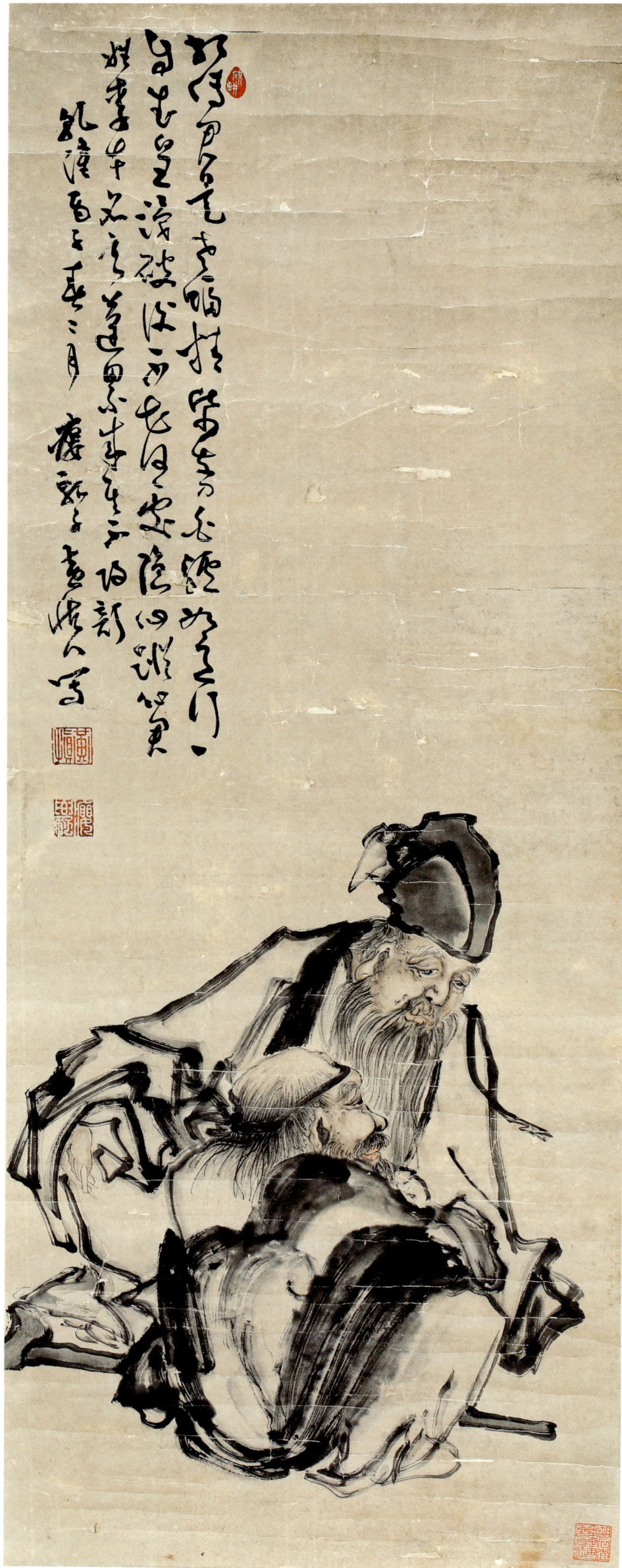

黄 慎　人　物

130.5cm x 50.5cm　（紙本）

黃 慎　人 物

106.0cm x 28.5cm　（紙本）

酒楼诸公同日往還待
攜酒觀身多閒卷
編史美行董地越
薙麁松禪淵
倚青四先生正
一世惹芓高翔

江頭垮泊送程舟烟浦沙
汀凉似秋一醉不束天涯
晓柳條又見月
的涔全辰終罟為
杜松中经雅峰
雪林学士题

高 翔　　山 水

134.0cm x 55.5cm （紙本）

高翔（1688—1753），字鳳崗，號西唐，
又號樨堂、西堂等，別號山林外臣，江蘇
甘泉人。清代畫家。擅畫山水、花卉，間
作佛像人物，工篆刻。晚年右手殘，常以
左手作畫。

疏雨明鐘夜話長詩中
有畫筆生香篇章此
日面崢嶸雲水欲身
麋老狂　高翔

高翔　山水

105.0cm x 34.3cm （紙本）

高翔　花鳥

66.0cm x 16.5cm （紙本）

雍正癸卯夏日
祥昌堂公祖
高翔

高翔 山水

44.3cm x 33.5cm （紙本）

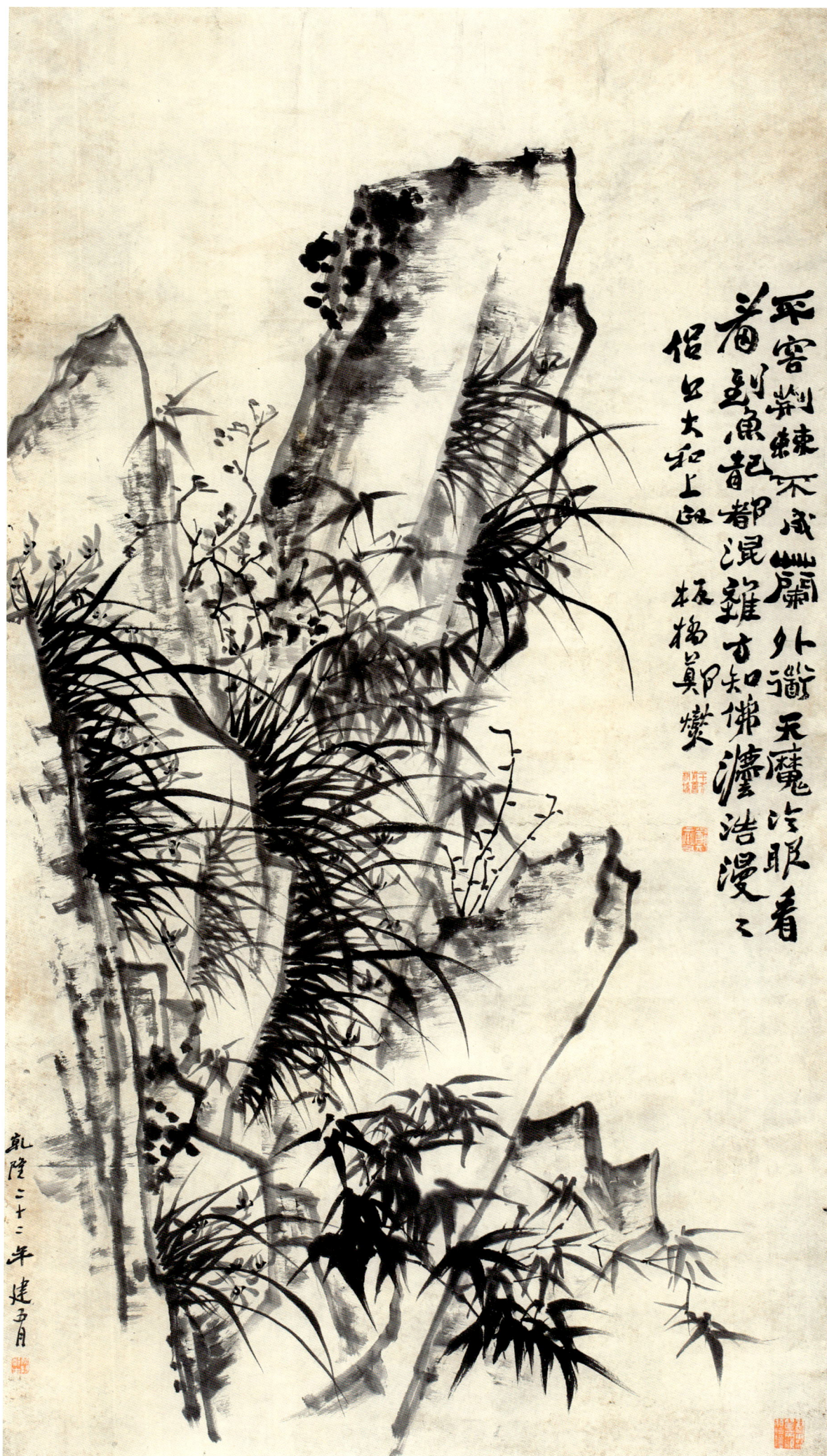

鄭燮 花鳥

151cm x 83cm （紙本）

鄭燮（1693—1766），字克柔，號理庵、板橋，以號行，江蘇興化人。清代書畫家、文學家。工詩詞，善書法。以畫蘭、竹、石聞名于世，也畫松菊。爲"揚州八怪"之一。

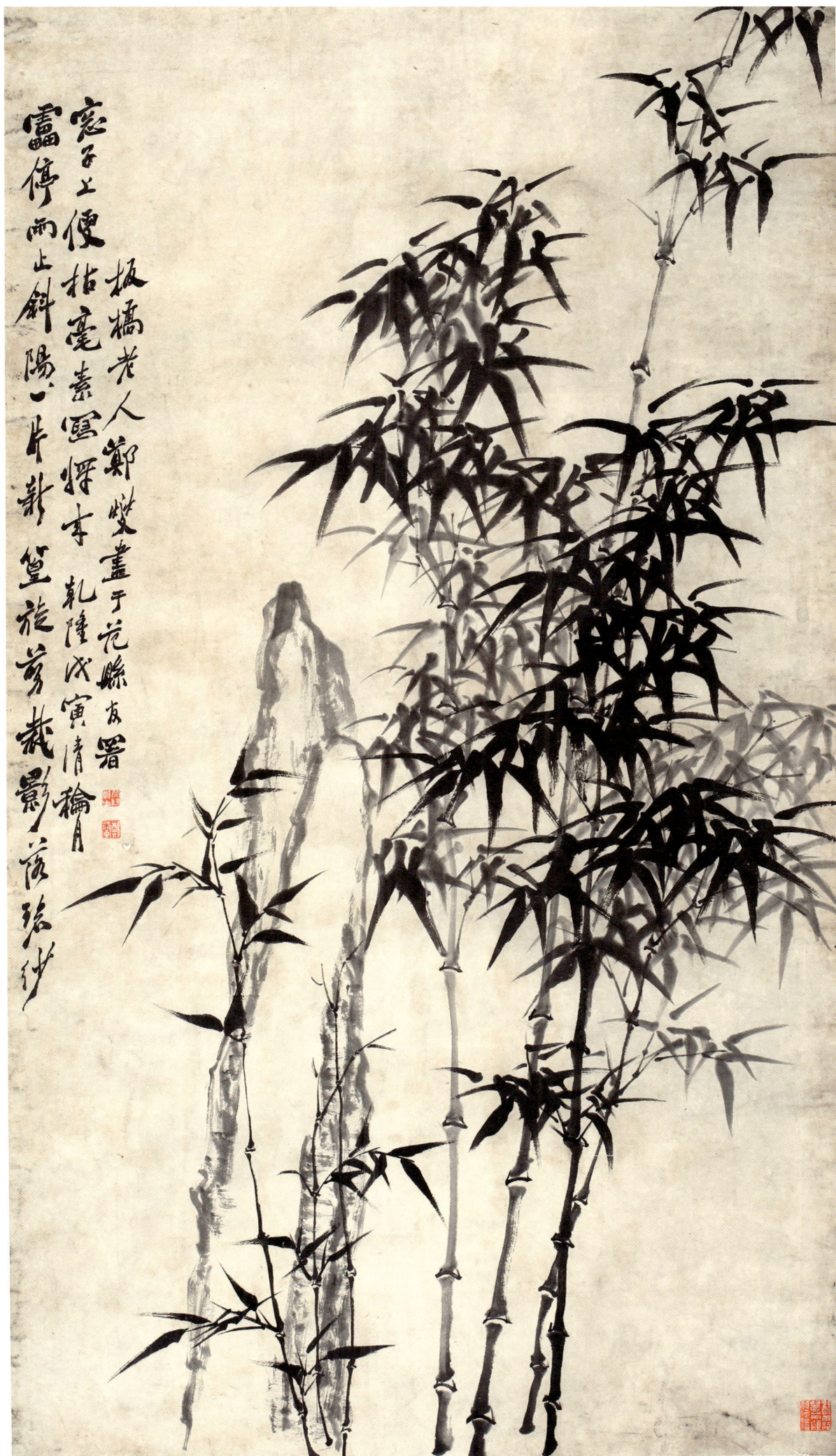

鄭 燮　花 鳥

148.0cm x 82.3cm （紙本）

鄭 燮 花 鳥

73.0cm x 95.3cm （紙本）

鄭 燮　　花 鳥

35cm x 82cm （紙本）

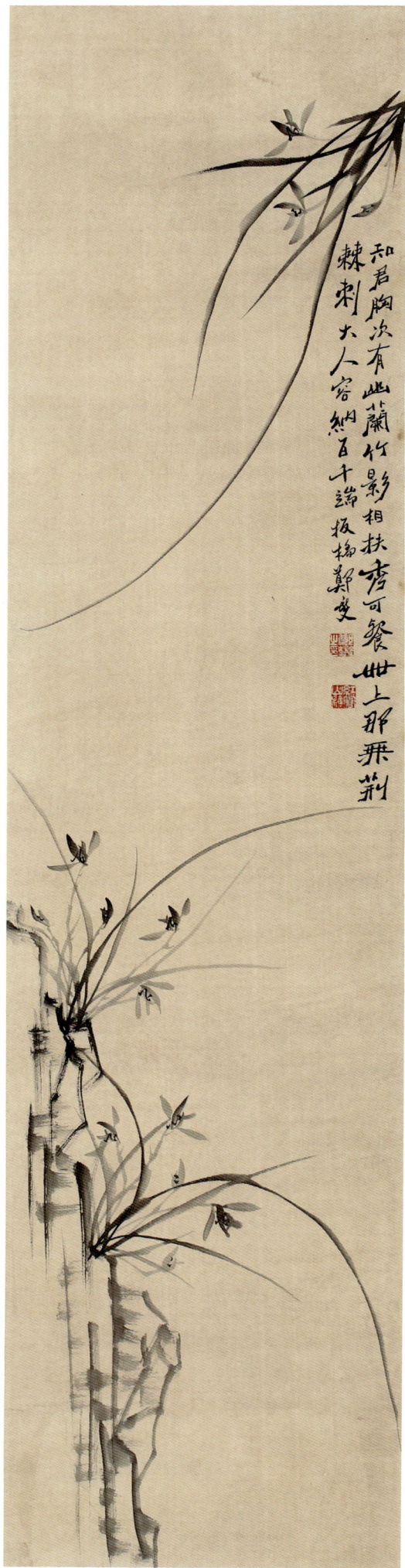

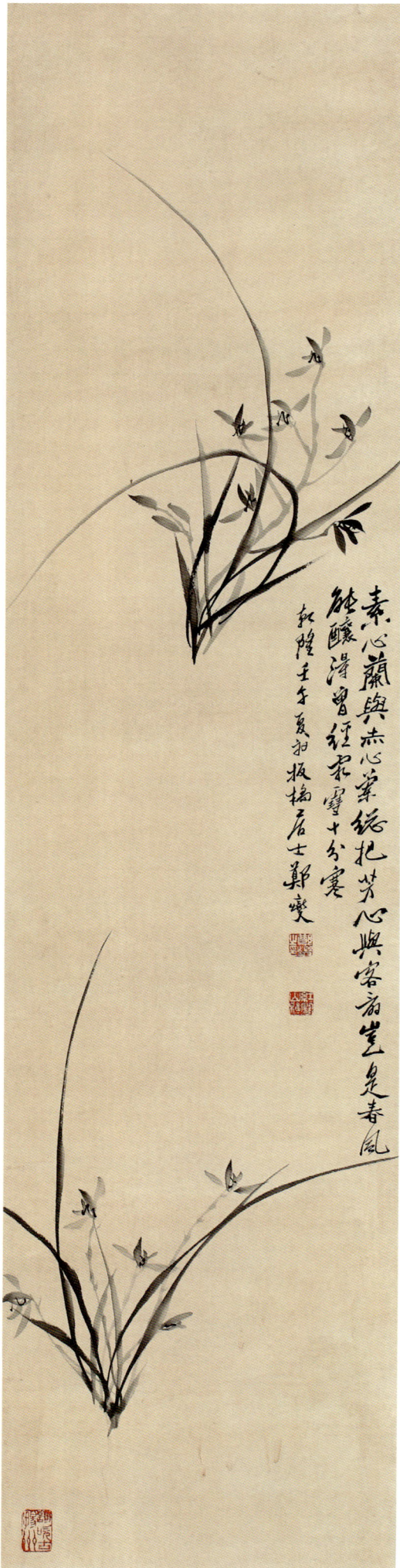

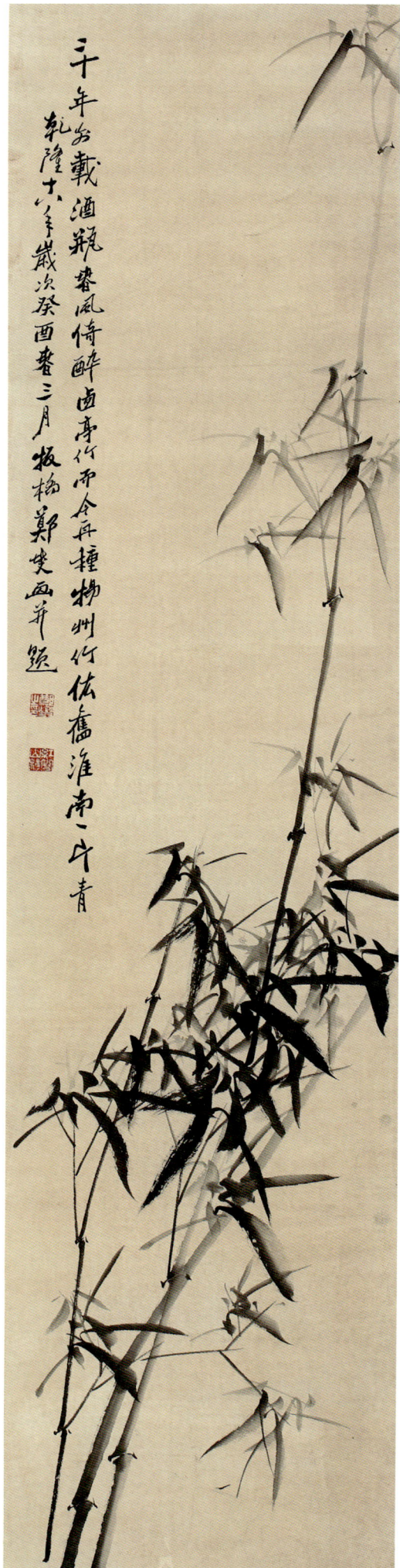

鄭燮　花鳥

135.5cm x 33.3cm x 3（紙本）

鄭　燮　花　鳥

148.0cm x 39.3cm　（紙本）

鄭燮　書法

126cm x 46cm（紙本）

鄭燮書法作品

古人云吾入芝蘭之室久而忘其香夫豈蘭入室、則美矣芝蘭弗樂也我頭霧深山古澗之中有蘭焉叢雜者金其性乃為詩曰高峰峻壁見芝蘭竹影遮斜幾片寬便以乾坤為巨室老夫高枕卧其中

乾隆丙子孟夏月 板橋居士鄭燮

鄭　燮　書　法

106.0cm x 21.5cm（紙本）

造化昏昏不足論出幽蘭曰露方
容根人情看看破愁當下涂
側田家家老尾二全
乾隆六年五月實於金
陵秦淮河水亭雨
澹園學弟兄雅玩
李方膺法名

李方膺　花鳥

127.5cm x 69.0cm　（紙本）

李方膺（1695—1755），字虬仲，號晴江，
又號秋池、抑園、白衣山人等，江蘇通州
人。工詩文書畫，擅梅、蘭、竹、菊、松、
魚等，以賣畫爲生。與李鱓、鄭燮、金農
等往來。爲"揚州八怪"之一。

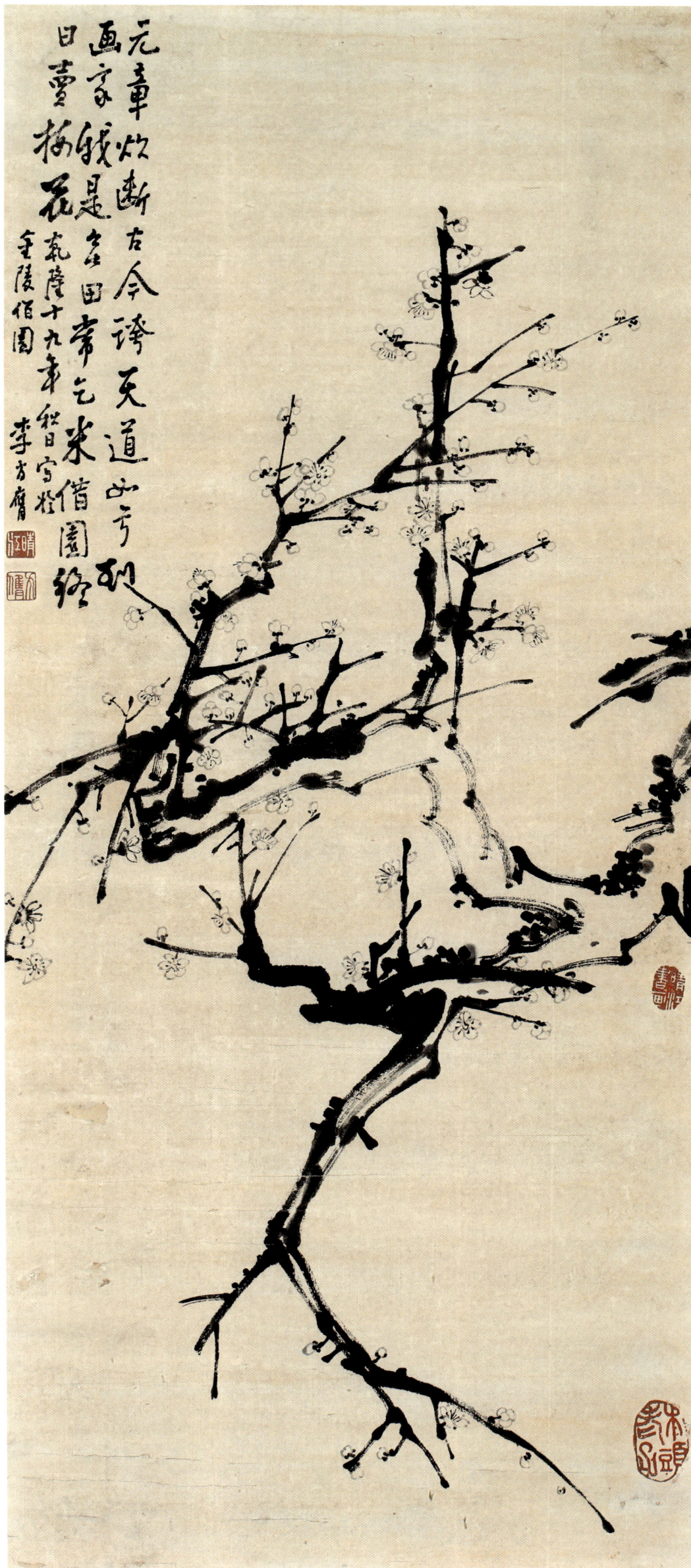

元章收斷古今誇 天道此亨利
畫家我是主田常 乞米借園綠
日費梅花 金陵佰圓

乾隆十九年癸酉秋
李方膺

李方膺　花鳥
103.5cm x 44.3cm　（紙本）

張洽　山水

136cm x 34cm （紙本）

張洽（1718—1799），字月川，一名玉川，
號青箬，吳縣人。清朝畫家。善山水。

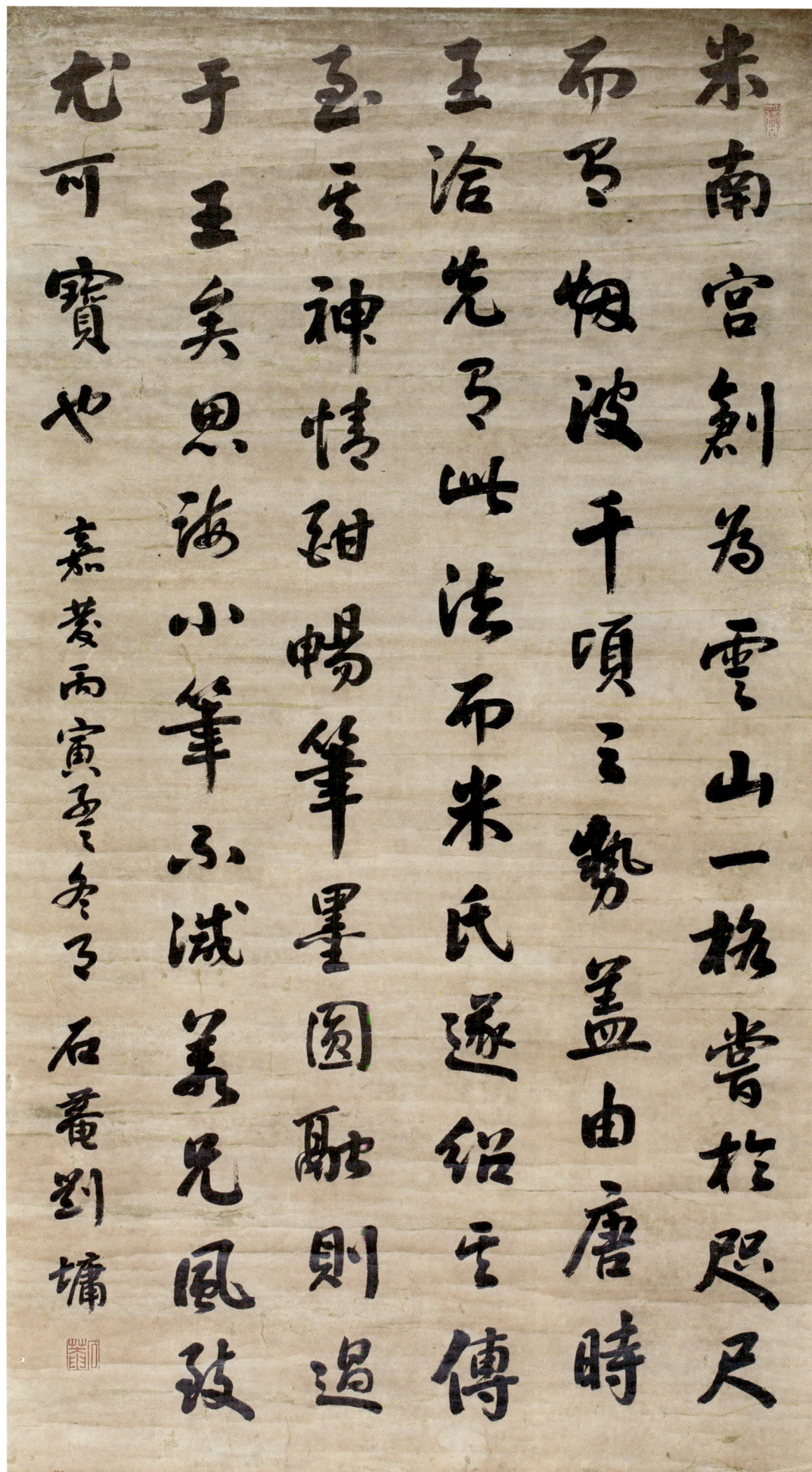

米南宮刻為雲山一格嘗於咫尺
而具咫波千頃之勢蓋由唐時
王洽先有此法而米氏遂紹任傳
至虎神情甜暢筆墨圓融則過
于王矣思海小筆不減芾兄風致
尤可寶也 嘉菱丙寅冬之冬 石菴劉墉

劉墉　書法

156.5cm x 83.5cm　（紙本）

劉墉（1719—1805），字崇如，號石庵，山東諸城人。清代政治家、書法家。工書法，尤工小楷。被稱爲"清代帖學之集大成者"。

觀行儉工草獨名家常苦以絹
素治書文遴覽之泌愛其法壽物
良厚行儉嘗言褚中令非精寫
佳墨未嘗輒書不擇筆墨而姸
媚者惟余與虞伯施可與言真
帖乃一時書

石菴劉墉

劉墉　書法

136.5cm x 55.0cm （紙本）

劉墉　書法

117.5cm × 45.0cm　（紙本）

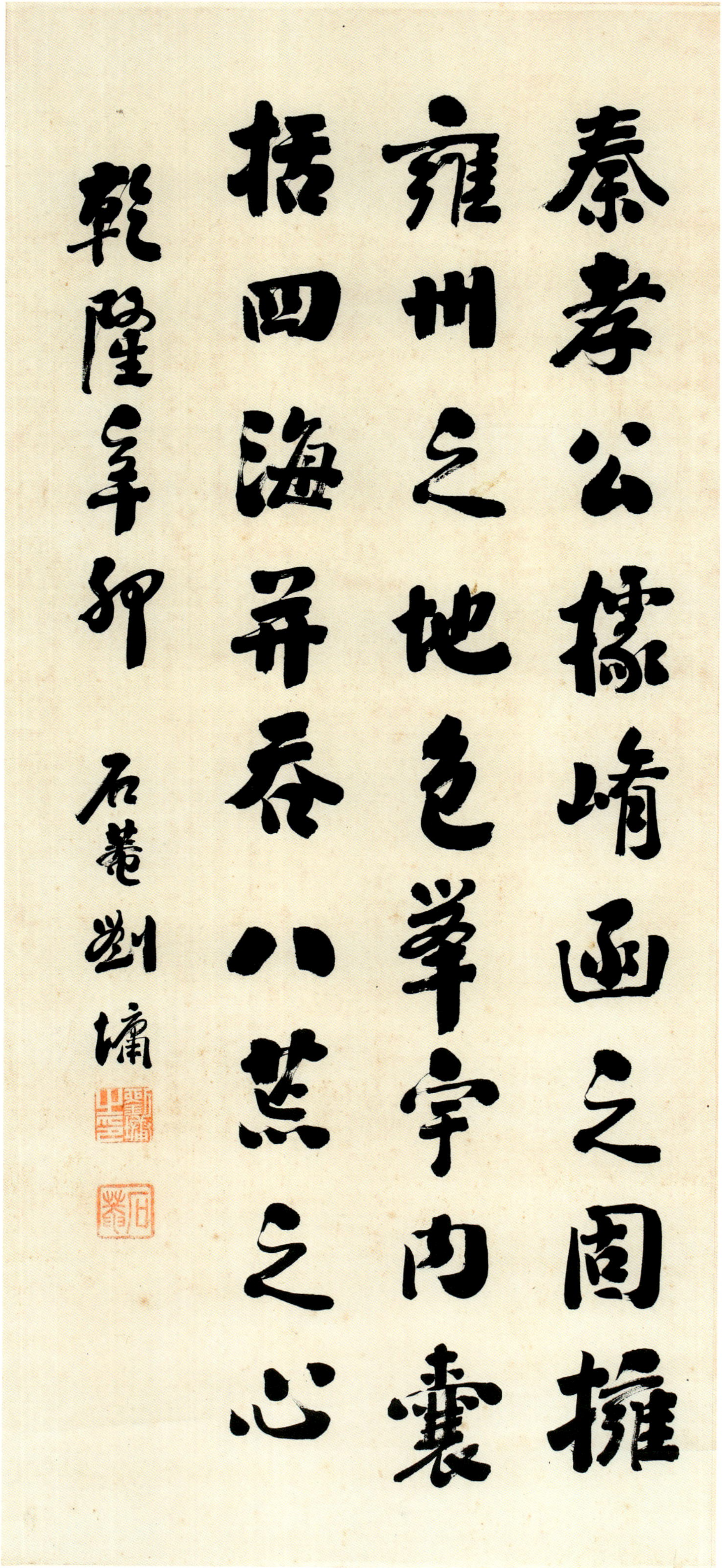

秦孝公據崤函之固擁
雍州之地君臣固守以
窺周室有席卷天下包
舉宇內囊括四海之意
并吞八荒之心

乾隆年卯 石菴 劉墉

劉墉　書法

93.5cm x 41.7cm （紙本）

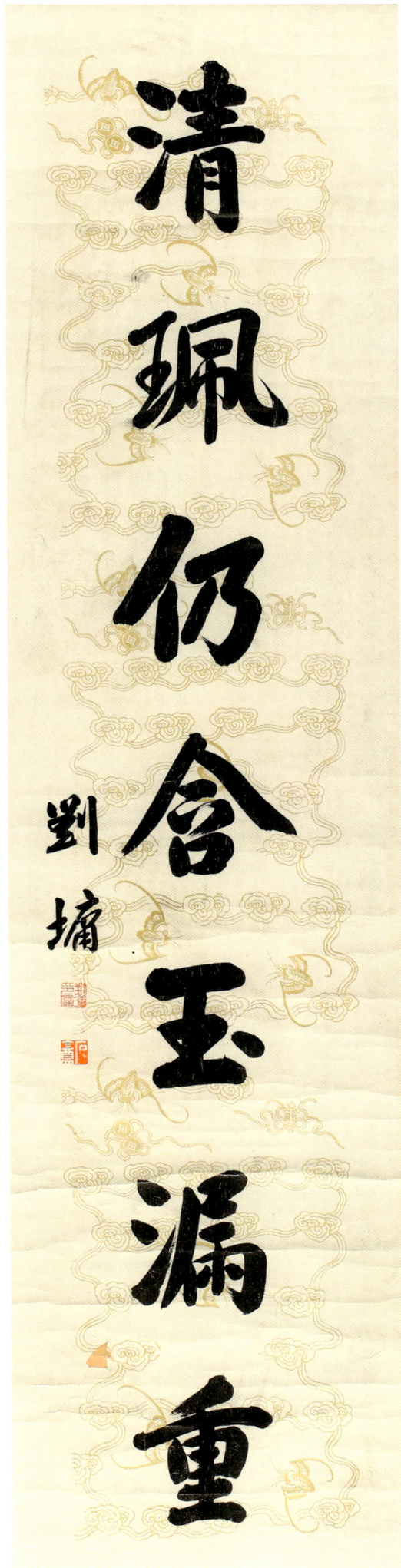

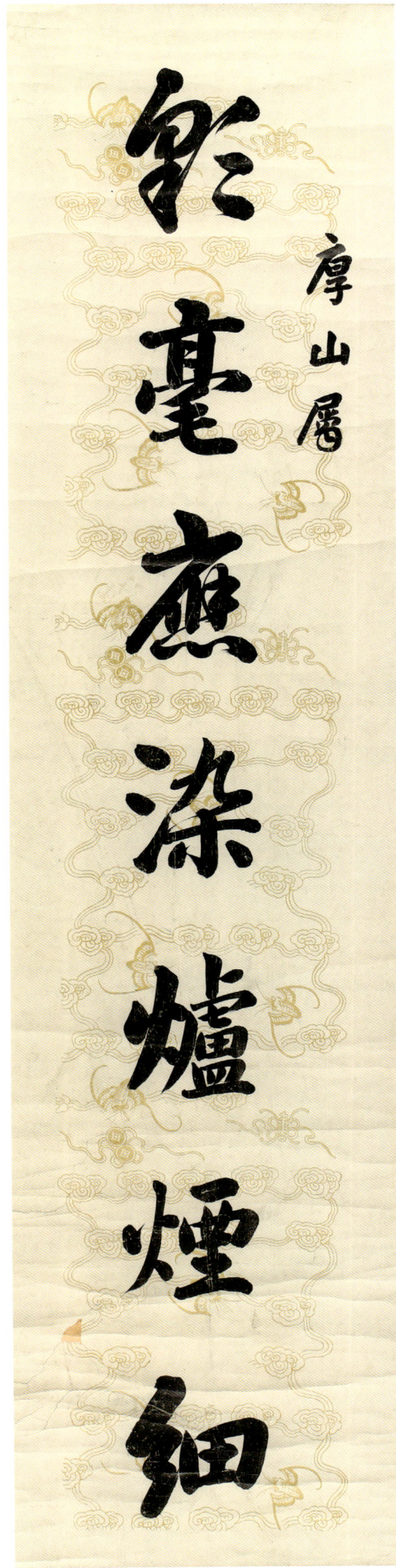

毾毳庽染爐煙細　　厚山屬

清珮仍含玉漏重　　劉墉

劉墉　書法

169cm x 41cm x 2 （紙本）

錢維城　山水

94.0cm x 32.7cm　（紙本）

錢維城（1720—1772），初名辛來，字
宗磐，一字稼軒，晚年自號茶山，江蘇
武進人。書法、繪畫兼擅。

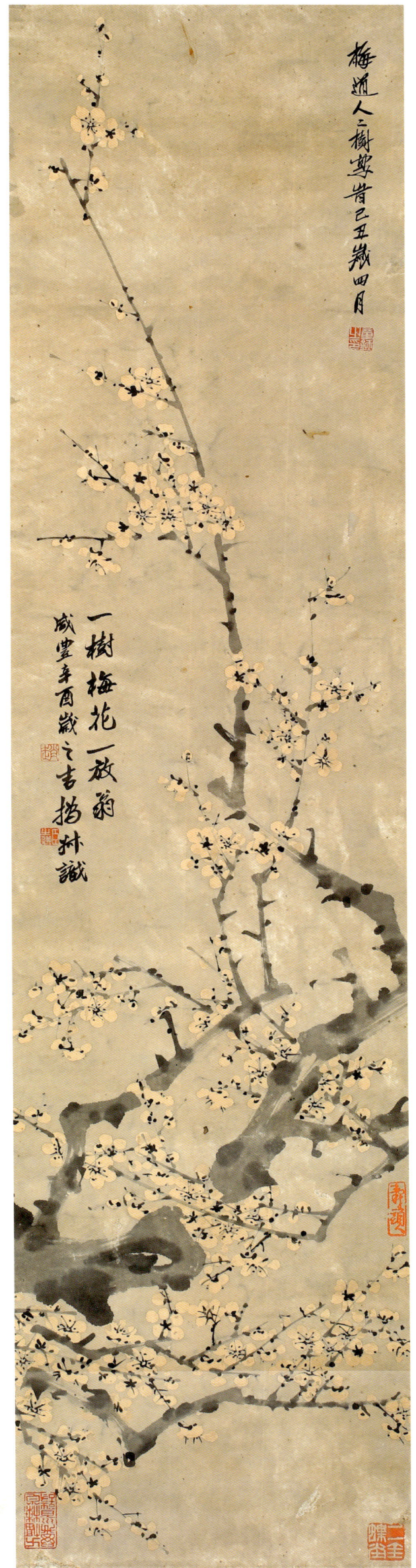

童鈺　花鳥

129.0cm x 31.5cm　（紙本）

童鈺（1721—1782），字璞巖，又字二
如，號二樹、梅道人，別號借庵，山陰人。
清代畫家。善山水，尤善寫梅，工詩兼書。

童 鈺　花 鳥

89.5cm x 29.0cm　（紙本）

閔貞　人物

135cm x 67cm （紙本）

閔貞（1730—1788），字正齋，號蓼塘居士，江西南昌人，寓居湖北漢口。清代書畫家、篆刻家。其畫學明代吳偉，善畫人物、山水、花鳥，多作寫意，筆墨奇縱，偶有工筆之作。人物畫最有特色，綫條簡練自然，形神逼肖。

閔貞　人物

132.0cm x 67.5cm （紙本）

閔貞　人物

109cm x 51cm （紙本）

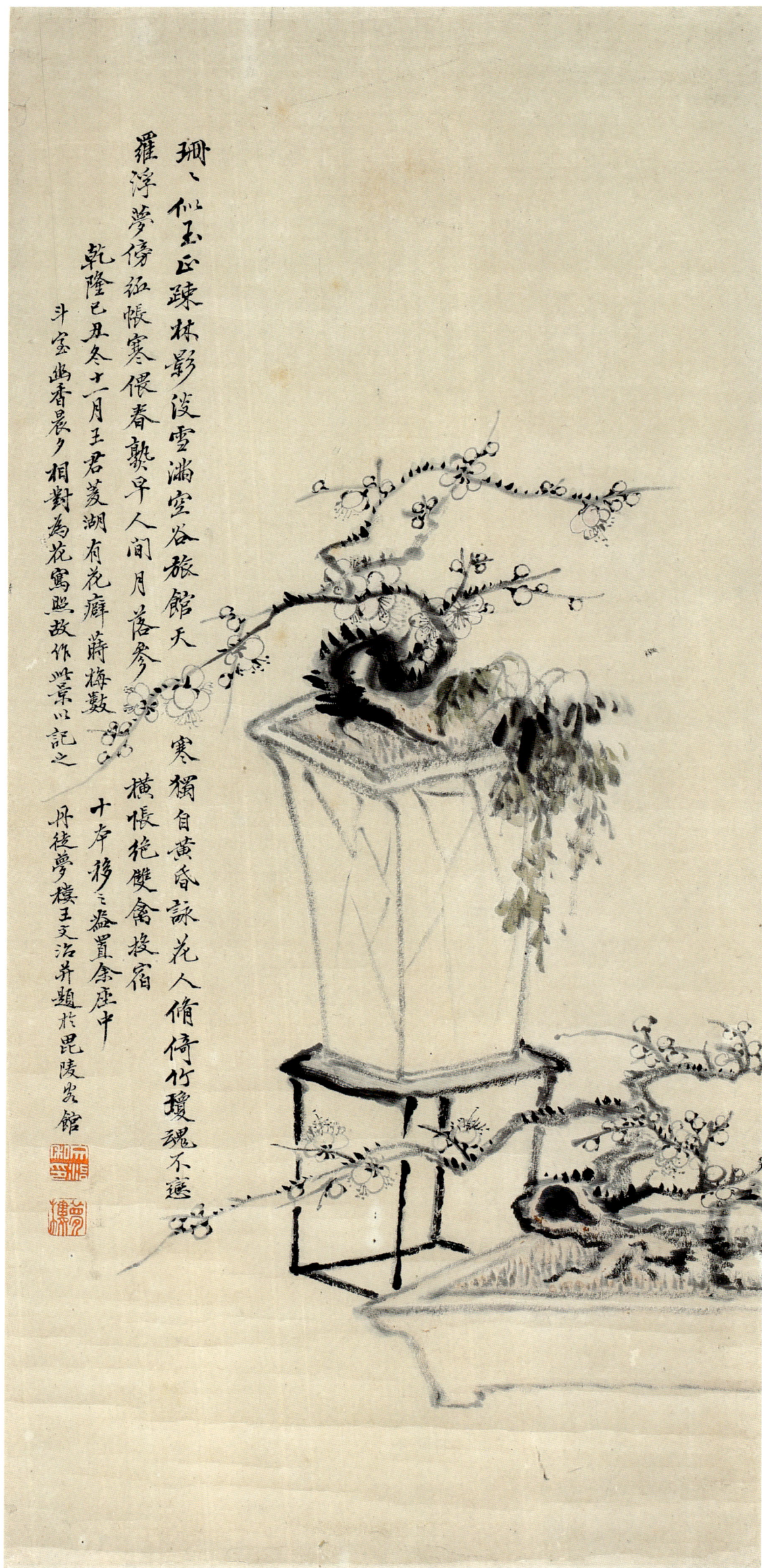

珊々似玉正疎林影浚雪瀟空谷旅館天

羅浮夢傍孤帳寒儂春熟早人間月落參

寒擱自黃昏詠花人倘倚竹瓊魂不遠鬥

横帳絶雙禽投宿

十本移之益貫余庚中

乾隆己丑冬十一月王君菱湖有花癖蔣梅數

斗室幽香晨夕相對為花寫照故作此景以記之

丹徒夢樓王文治并題於毘陵茭館

王文治　花鳥

64.5cm x 30.7cm （紙本）

王文治（1730—1802），字禹卿，號夢樓，江蘇丹徒人。清代書法家、文學家。工書法，與翁方綱、劉墉、梁同書齊名。

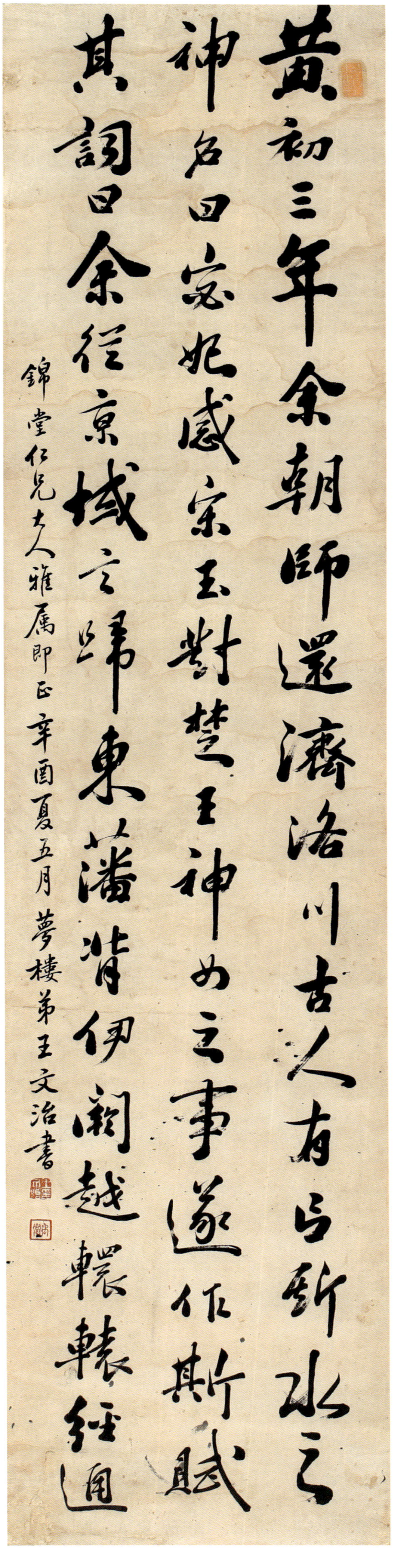

黄初三年余朝師還濟洛川古人有言斯水之神名曰宓妃感宋玉對楚王神女之事遂作斯賦其詞曰余從京域言歸東藩背伊闕越轘轅經通

錦堂仁兄大人雅屬即正 辛酉夏五月夢樓弟王文治書

王文治　書法

135.0cm x 32.8cm （紙本）

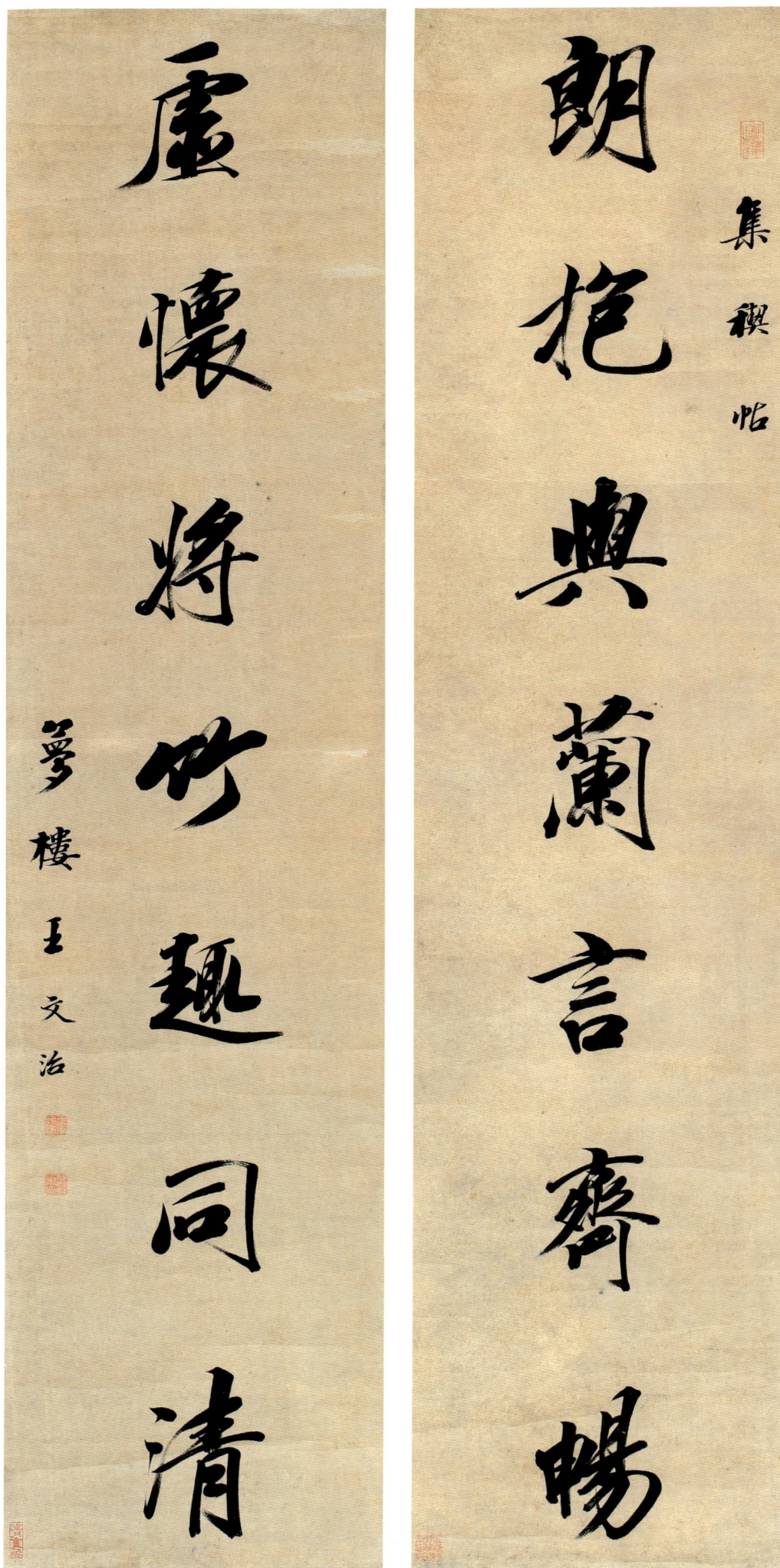

集禊帖

朗抱興蘭言齋暢

虛懷將竹趣同清

夢樓　王文治

王文治　書法

136.5cm x 32.5cm x 2（紙本）

羅聘 人物

173.0cm x 92.5cm（紙本）

羅聘（1733—1799），字遯夫，號兩峰，又號衣雲，別號花之寺僧、金牛山人、師蓮老人等。江蘇甘泉人。清代畫家，金農弟子。擅畫人佛、佛像，并工于詩。為"揚州八怪"之一。

羅聘　人物

117.0cm x 52.5cm　（紙本）

兩峰弟可畫羅漢大士佛像作長歌記
之
予季好佛本天性今生品書由嬰孩拈
毫瓶畫作佛相真容一，窩服胎昨宵
黃炬南樓下呼童營筵展軸繞戎染袈
裟紅似血兩衣向如春雲堆戎看畫相如
滿月戎驚瘞貌如枯槧雙耳披紺
髮戎善大鏡雙耳無價樹戎坐
青蓮去吉祥風忽花閒談禪遇有野
弧狸酒想現像無歸精龍屏蜩伏原
神勇人間富遊心應戾奇形果相狀
泳一怒航音波理則該季季敢是著
知識別圖大士如來為我酒作萬，
幅廣佛世間聲痴躁四大皆砥見成
佛顏歸膝辰於栽培
南禁應箕東定稿

嘉慶丁巳重陽易日
兩峯道人敬繪

羅聘　人物

97cm x 43cm　（紙本）

羅聘 花鳥

70.8cm x 41.3cm （紙本）

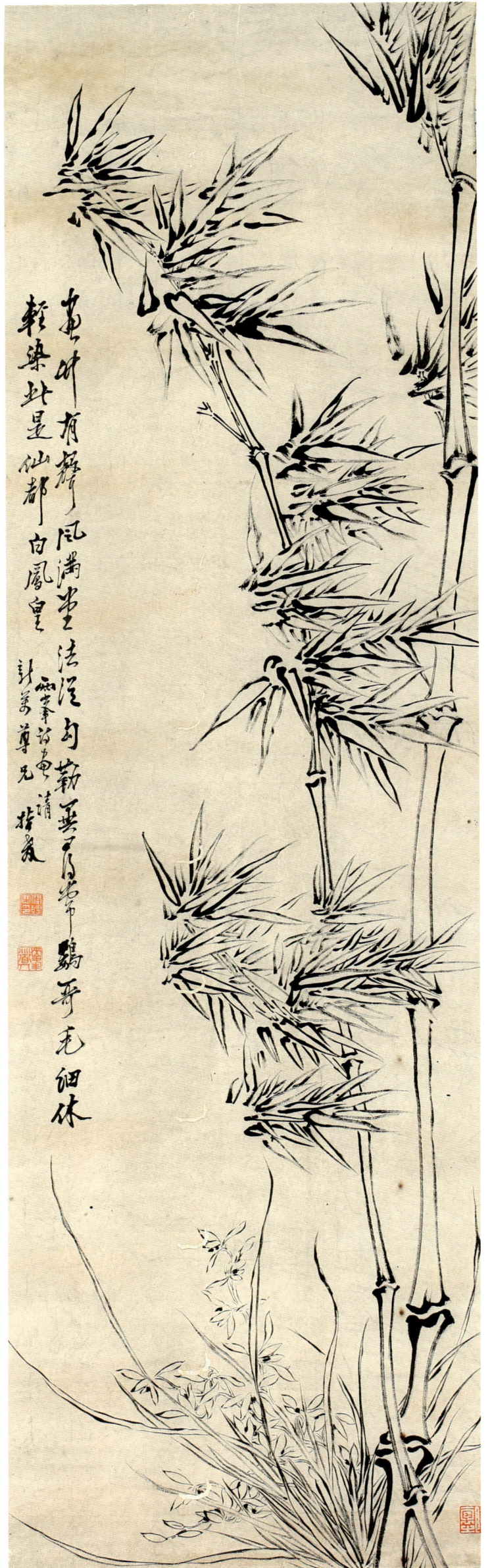

羅聘 花鳥

132.8cm x 40.0cm （紙本）

落葉荒村急
寒星破屋明
不眠因酒落
閉戶覓秋聲
兩峯子羅聘作

羅聘　山水

59.0cm x 22.5cm（紙本）

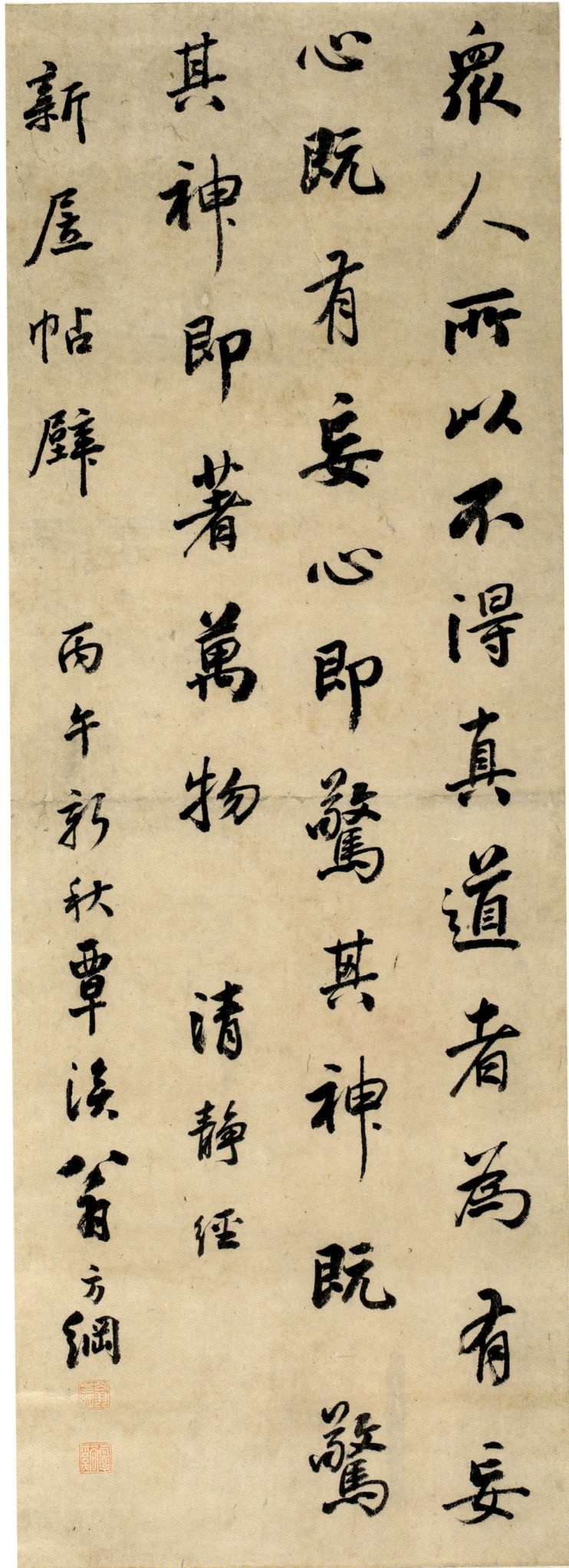

眾人所以不得真道者為有妄心既有妄心即驚其神既驚其神即著萬物

清靜經

新屋帖壁 丙午新秋覃溪翁方綱

翁方綱　　書法

101cm × 35cm （紙本）

翁方綱（1733—1818），字正三，號覃溪，晚號蘇齋，直隸大興人。清代書法家、文學家、金石學家。

仿元人筆意雪鴻張敔

張 敔　山 水

103.5cm x 35.0cm　（紙本）

張敔（1734—1803），字虎人、芷園，
一字芝園，亦作芝元，號雪鴻，又號木者，
晚號止止道人，安徽桐城人。工書善畫，
山水、人物、花鳥無一不妙，寫真尤肖。

余省 花鳥

129cm x 49cm （紙本）

余省（1736—1795），字曾三，號魯亭，江蘇常熟人。余珣之子。清代畫家。曾受業于蔣廷錫。善花鳥、蟲魚、翎毛，間參用西法。

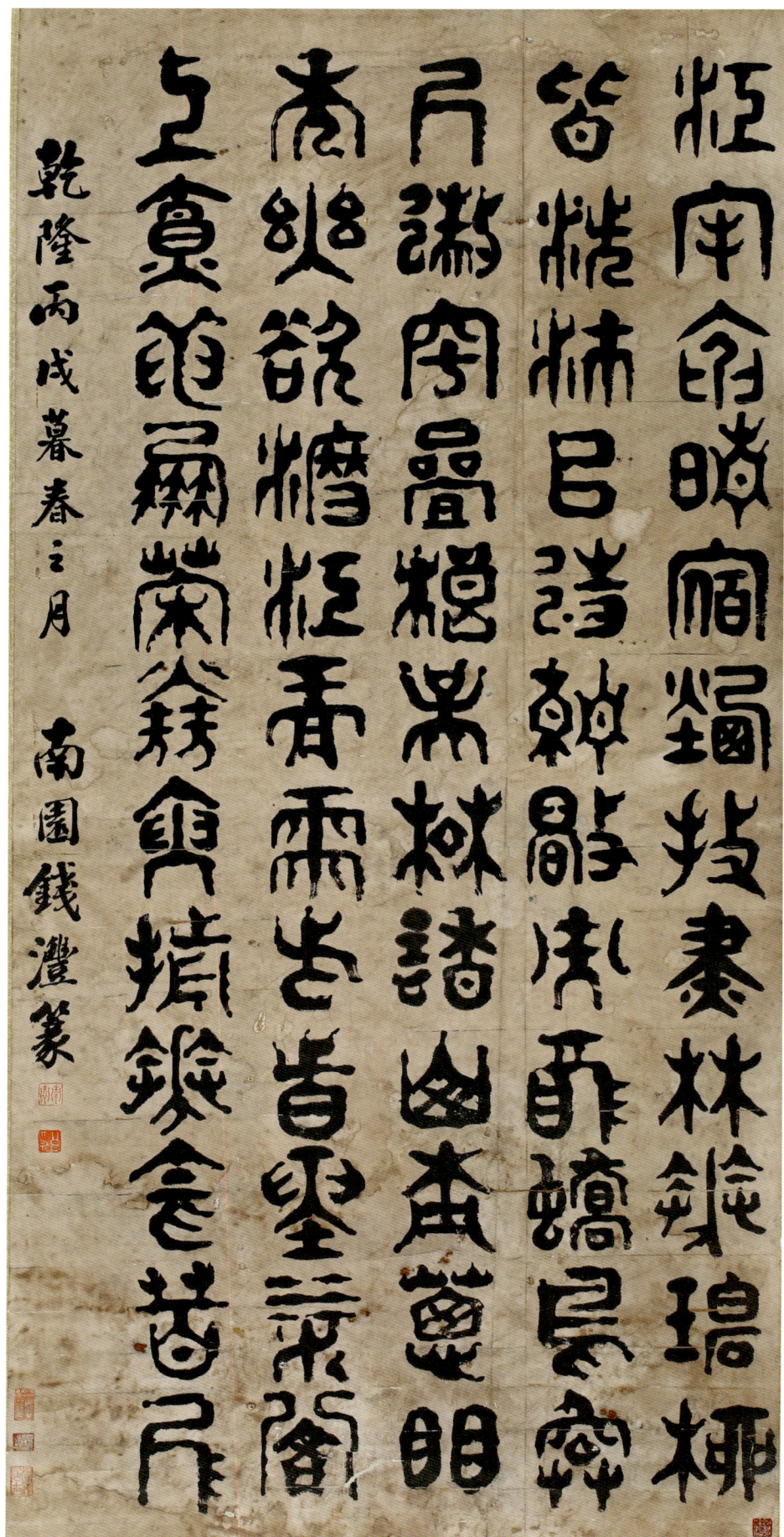

錢灃　書法

131.5cm x 64.5cm　（紙本）

錢灃（1740—1795），字東注，一字約甫，號南園，雲南昆明人。工楷書，學顏真卿，兼取歐陽詢、褚遂良格法。善畫馬。

董誥 山 水

120.5cm x 39.0cm （紙本）

董誥（1740—1818），字雅倫，號蔗林、
柘林，浙江富陽人。清大臣。董邦達長子，
與其父有"大小董"之稱。工詩詞古文，
善書法。

山亭最難圖意，这不在大人家雜
煙樹悦悦趣合意会
仿米襄陽大意也
蓮居士潘恭壽

潘 恭 壽　　山 水

178cm x 45cm （紙本）

潘恭壽（1741—1794），字慎夫，號蓮巢、
石林等，江蘇丹徒人。清代畫家、詩人。
擅畫山水、人物、花卉、竹石。中年歸
依佛門後，法號達蓮。

弘旿　山水

136.0cm × 41.8cm（紙本）

弘旿（1743—1811），愛新覺羅氏，字
卓亭，號恕齋，一號醉迂，別號瑤華道
人，又號一如居士。玄燁孫。能詩，工
書畫。

獨過溪橋去閒尋佳句行
山亭盧白日客思與秋清
甲辰重九之後五日
瑶峯道人弘旿

弘旿　山水

127.0cm x 69.3cm （紙本）

黄 易　山水

94.5cm x 38.5cm　（紙本）

黄易（1744—1802），字大易、大業，號小松、
秋盦，別署秋景庵主、蓮宗弟子、散芷灘
人等，浙江仁和人。工詩文、書畫，兼擅
篆刻，與丁敬并称"丁黄"，爲"西泠八家"
之一。

黄易　花鳥

83.0cm x 32.5cm　（紙本）

乾
隆
五
十
一
年
八
月
黃
易

黃易 山水

94.0cm x 38.8cm （紙本）

乾隆庚子冬十月
撫梅道人法 秋盦黃易

黃易　山水

44.5cm x 31.5cm　（紙本）

玉管初調鳴綺砌撫陽春
漾水之曲對鳳迴鸞之舞
更炎宮黃還移箏柱月
入歌扇花承節鼓
拾時元鳥司歷居龍御飛
羌玷冰開相華萍合皇
帝幸於華林之園玉
樹正而泰階平閣圖開
而鉤陳將千乘雷動笳
騎雲屯溪花與芝蓋同
飛楊柳共春旗一色

壬子長夏雨
餘擬之原宰
鐵生奚岡

奚 岡　山 水

83cm x 37cm（絹本）

────────────────

奚岡（1746—1803），初名鋼，字純章，
號鐵生，別號蒙道人、冬花庵主等，安
徽歙縣人。擅長書畫，精于篆刻，與丁敬、
黃易、蔣仁并稱"西泠四家"，再加上
陳豫鍾、陳鴻壽、趙之琛、錢松四人，
并稱"西泠八家"。

利津李見田在顔鎮開游陶塲
歇市巨甕與陶人爭直不成而
去至宿窑中禾出者六十餘甕啓
視壷空陶人大驚疑李踵門求
之李謝不去固哀之乃曰我代汝
出窑壷甕瓦不損在魁星楼下非
與如言注視果一一俱在楼在鎮之
南山㐲塲叄里餘傭工運之三日乃
盡集録聊齋志異一則 奚岡

奚 岡 書 法

36.5cm x 35.0cm （紙本）

奚 岡　　山 水

30cm x 88cm （纸本）

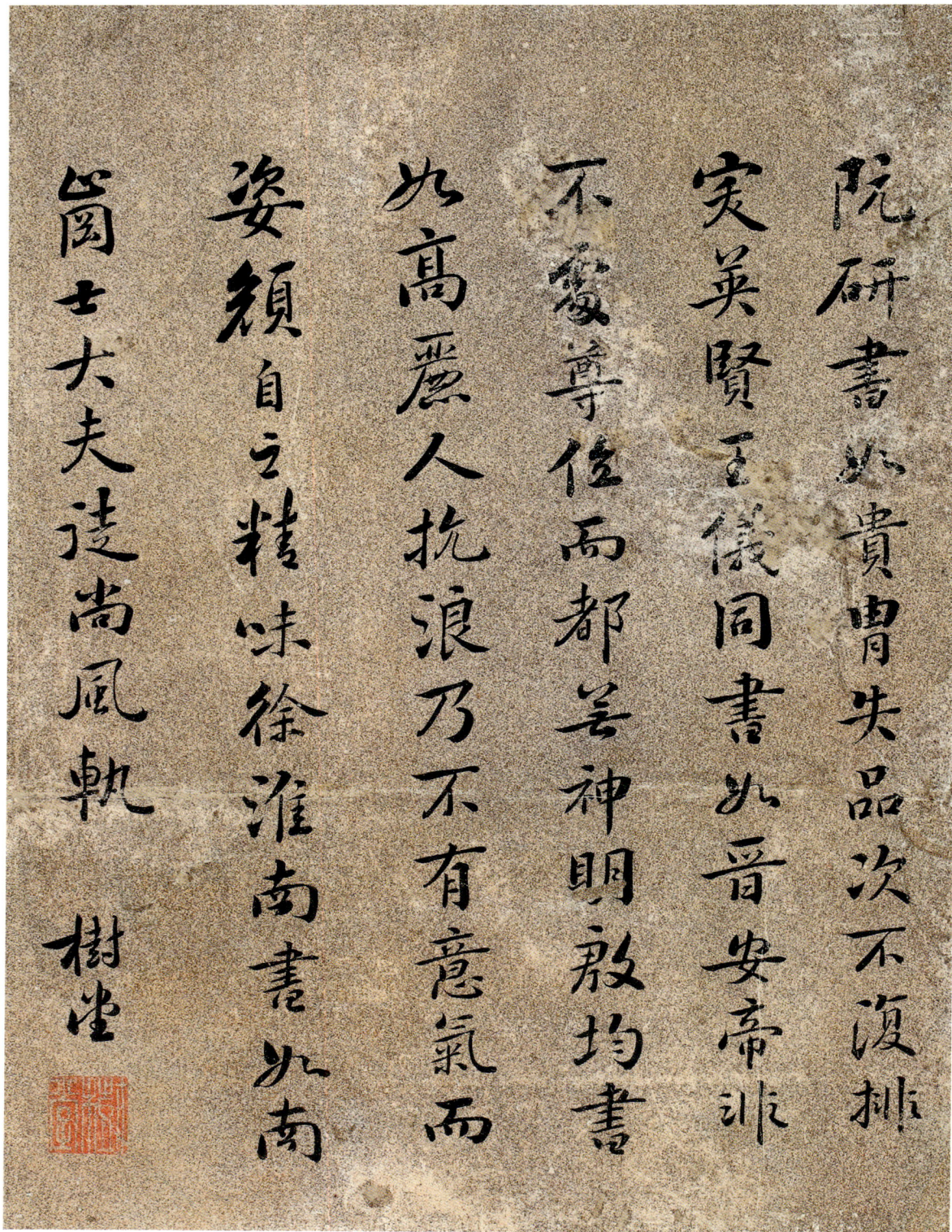

院研書必貴曹失品次不渡挑
突英賢王儀同書如晉安帝非
不愛尊俊而都苦神明敬均書
以高麗人抗浪乃不有意氣而
姿額自言精味徐淮南書如南
闍士大夫逵尚風軌　樹堂

沈唐　書法
34.6cm x 26.0cm （紙本）

沈唐（1746—1803），字樹堂，號蓮舟，又號雪廬，錢塘人。工诗，
喜畫山水，得指授于奚岡。

134

院談詩香生玉蕊

窗揮翰彩暎金蕉

成親王

永瑆 書法

134.0cm x 31.7cm x 2（紙本）

永瑆（1752—1823），愛新覺羅氏，弘
曆第十一子。精于書法，善各體，尤精
楷書。

盧多遜當直藝祖命賦新月限兒字詩曰太液池邊玩月時好風吹動萬年
枝誰家玉匣新開鏡露出清光些子兒王禹偁當直亦賦新月限敲梢交韻
詩曰禁鼓樓頭第一敲乍看新月上林梢誰家寶鏡初磨出王匣參差盖不
交似傚多遜之意不知二詩皆祖教杜塵匣元開鏡之句七脩類稿載郎仁
寶與王義中玩新月語及二詩義中賦一絶云風外空傳藥杵敲雲邊微見
在枝梢還翹今夜蟾蜍小銜出明珠口未交

褚氏雜說一則 成親王

永瑆 書法

137cm x 37cm （紙本）

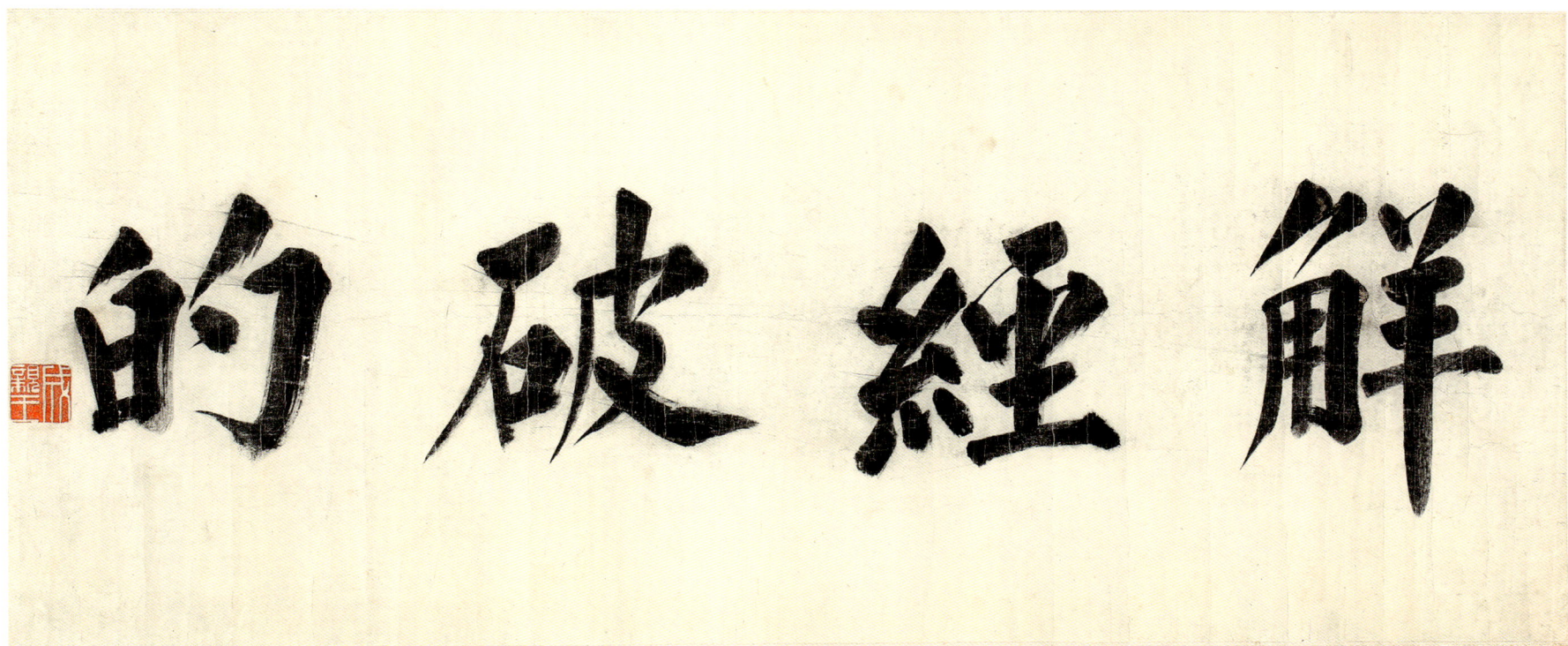

永瑆 書法

31cm x 74cm （紙本）

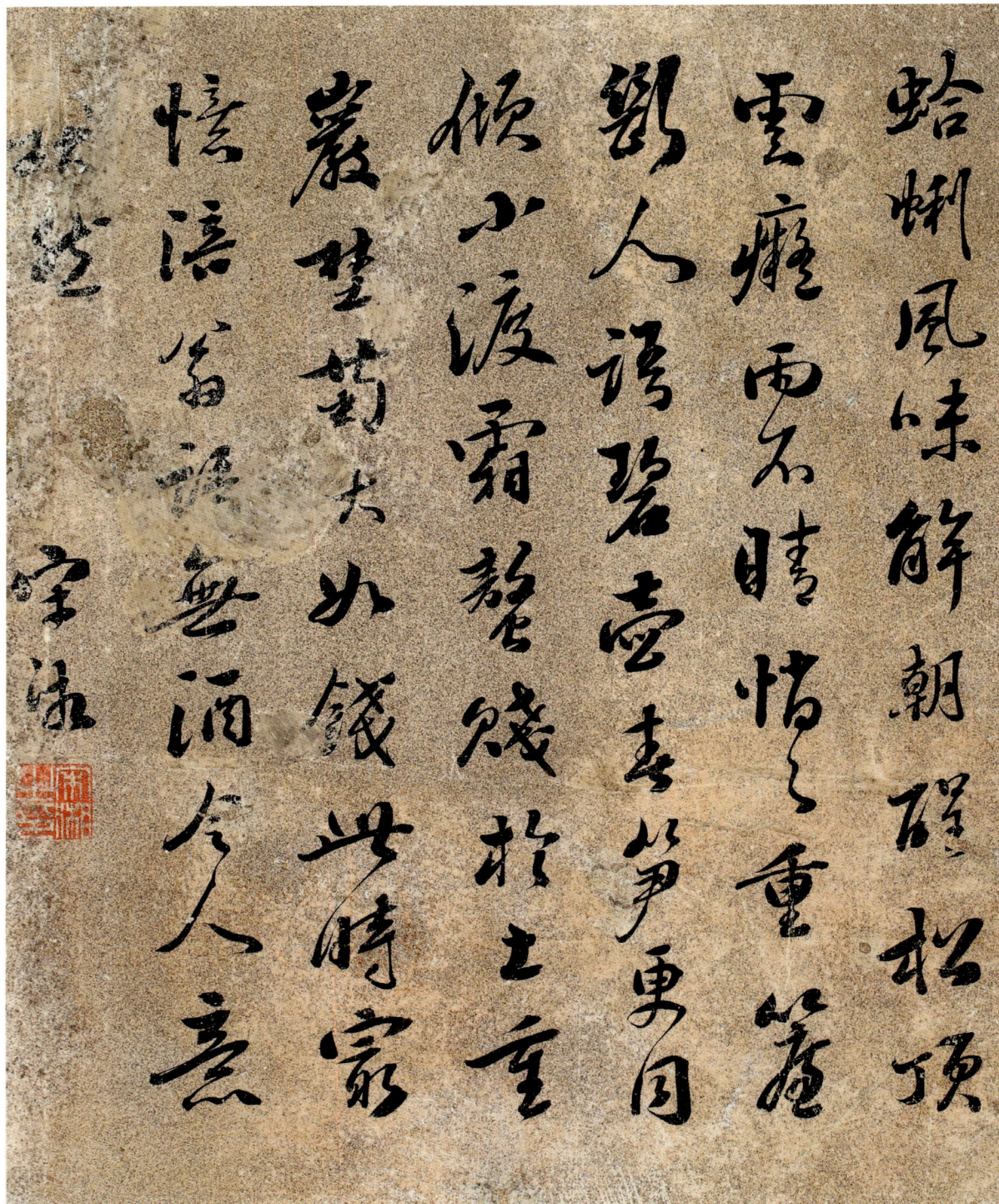

蛤蜊風味解朝醒　松頂
雲癱雨不晴　惜之重簾
鄰人語碧壺青　笋更肥
傾山渡霜聲錢　於土金
巖壑菊大如錢　此時家
悵語窗深無酒令人意

宋湘　書法

34.5cm x 27.5cm （紙本）

宋湘（1757—1826），字煥襄，號芷灣，嘉應人。工詩文，精書畫。"梅州八賢"之一。

顧洛 山水

134.5cm x 33.5cm （紙本）

顧洛（1763—約1837），字西梅，號禹門，
錢塘人。清代書畫家。工畫，擅畫人物。所
畫人物古雅，山水蒼潤，花卉、翎毛亦見生
動。尤擅畫仕女，所作工致妍麗。

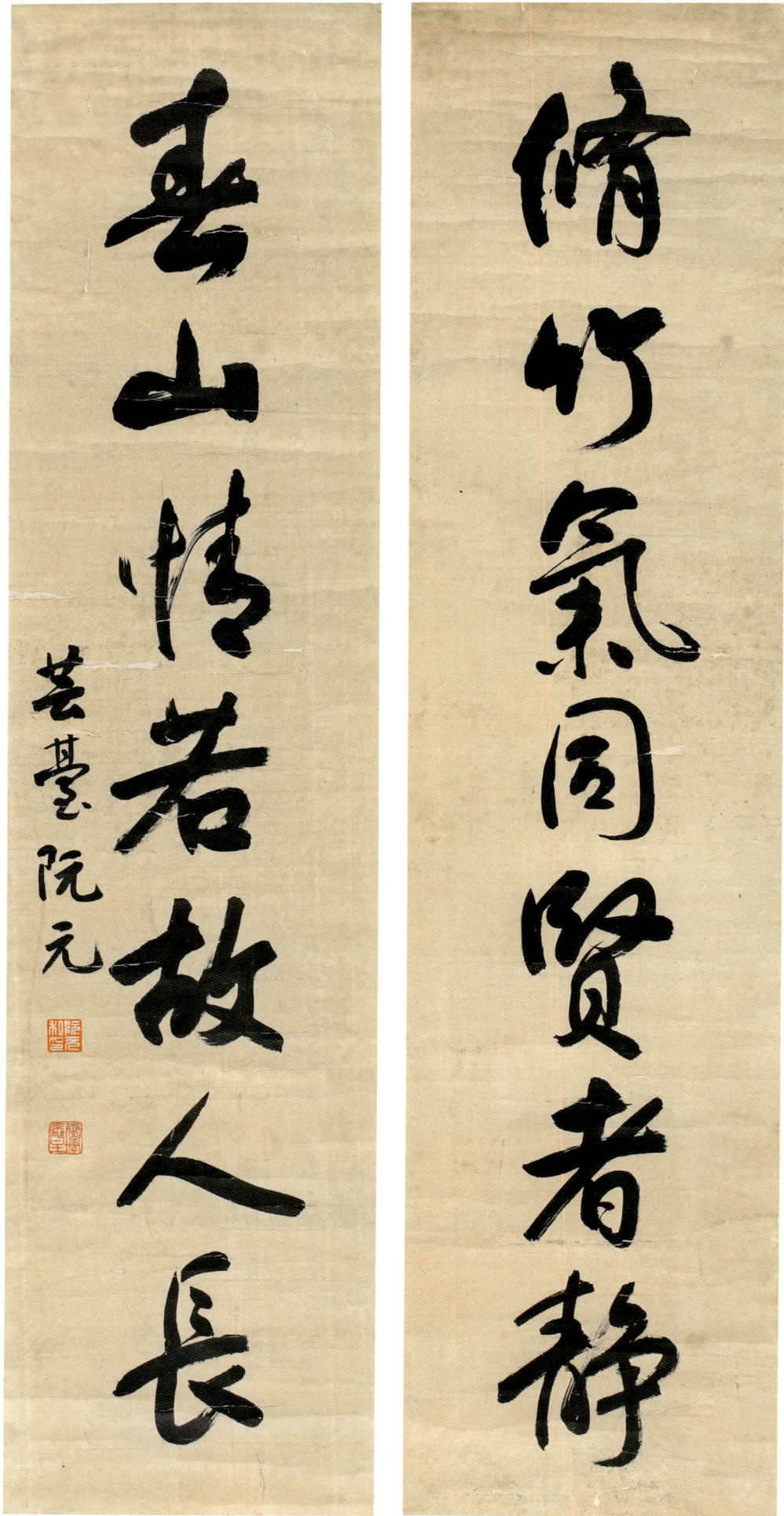

修竹氣同賢者靜

春山情若故人長

芸臺 阮元

阮元　書法

131.8cm x 31.7cm x 2（紙本）

阮元（1764—1849），字伯元，號芸臺，
別號雷塘庵主，晚號怡性老人。江蘇儀徵人。
清學者、文學家。學識淵博，于經史、天文、
金石等方面均有很高的造詣。喜好書法。

錢 杜 　人 物

137.0cm x 68.3cm（紙本）

錢杜（1764—1845），初名榆，字叔美，號松壺小隱、松壺等，錢塘人。
擅畫山水、花卉、人物，尤精仕女，兼能書法、篆刻。

錢杜　山水

83.7cm x 40.7cm（絹本）

142

錢 杜　山 水

87.3cm x 34.5cm　（紙本）

漢五鳳朝民命冨貴

髙雙魚鑑味合吉羊

夢琴二兄屬

陳鴻壽

陳鴻壽　　書　法

155.8cm x 29.0cm x 2（紙本）

陳鴻壽（1768—1822），字子恭，號曼生、曼龔、曼公等。錢塘人。清書畫家、篆刻家，爲“西泠八家”之一。

144

呼童洗硯去趑眠且觀畫
辛酉長至前三日
七薌居士改琦

改琦 人物

98.0cm x 47.8cm （紙本）

改琦（1774—1829），字伯蘊，號香白、七薌、玉壺山人、玉壺外史等。清代畫家、詞人。擅作人物畫，以仕女畫最爲著名，花鳥、蘭竹亦馳名于世。

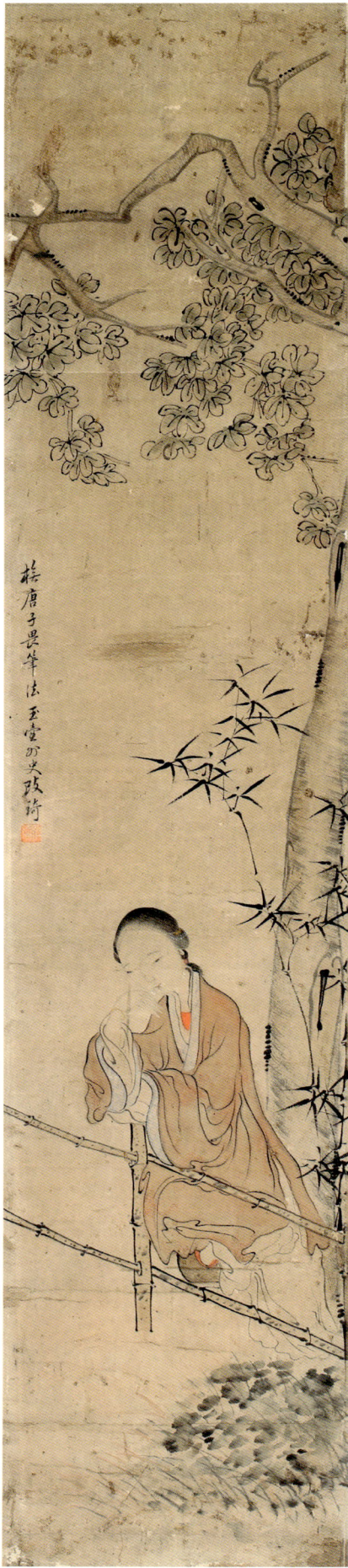

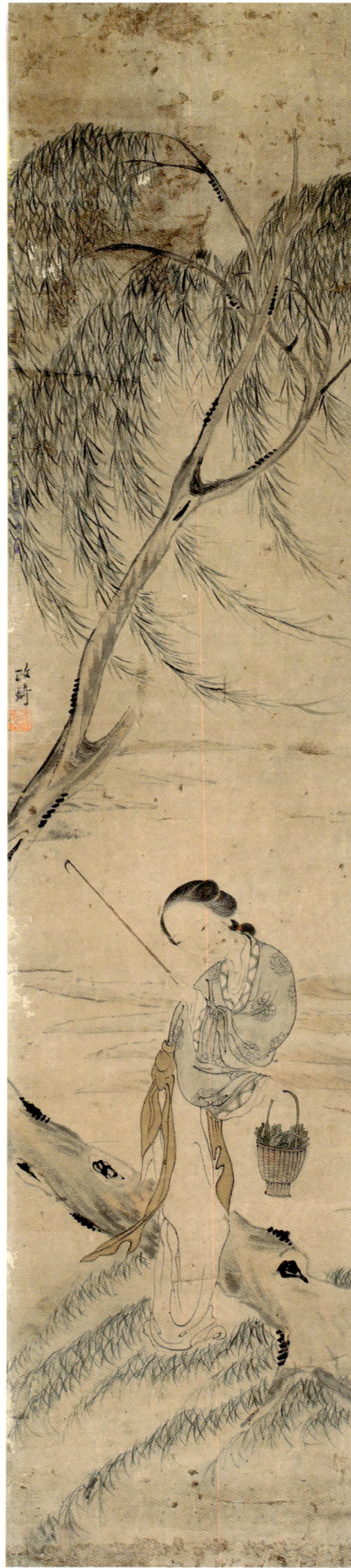

改琦　人物

100cm x 21cm x 4　（纸本）

山石嵯峨樹姿蒼華端楷邈揉
毛芒浩李名下寸字各土可為夢闋作
雁行
石生湯貽汾

湯貽汾　　山水

116cm x 43cm （紙本）

湯貽汾（1778—1853），字若儀，一字雨生，
號琴隱道人，晚號粥翁，江蘇武進人。工
詩文、書畫，尤善山水，亦寫墨梅、花卉等。

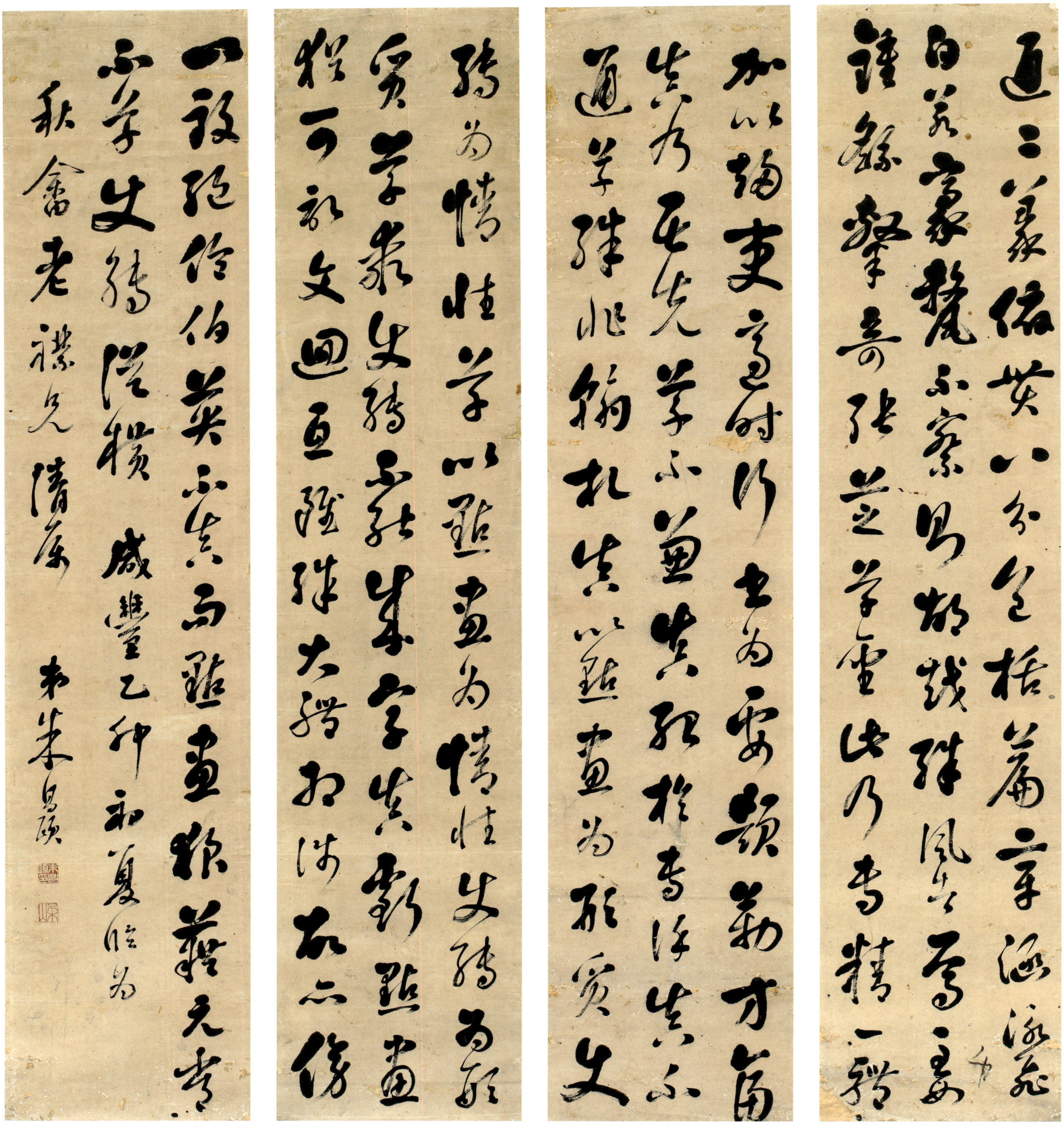

朱昌頤 書法

135cm x 29cm x 4 （紙本）

朱昌頤（1784—1855），字吉求，號朵山，浙江海鹽人。

宋迪侍郎燕肅當考馬和之米元暉皆禮部
侍郎興宋時士大夫之能盡書者元时惟趙文敏
其彥條皆隱於山林稱遂士白戈戴次文仇又汀
邱壑之助者

治生二兄大人正之　少穆弟林緊

林則徐　　書法

118.0cm x 29.3cm （紙本）

林則徐（1785—1850），字元撫，又字少穆、石麟，晚號俟村老人、俟村退叟、七十二峰退叟等，福建侯官人。清代政治家、文學家、思想家。

而又非本強之謂乃大力人通身是力自為起此
此惟褚河南雲永與行楷得之悟後如知者肯
余之也

季咸世兄大人正時戊寅夏六月年至南林則徐

林則徐　書法

131.0cm x 27.4cm （紙本）

150

宋迪侍郎燕肅尚書馬和之米元暉皆禮部侍郎此宋時士大夫之能畫者元時惟趙文敏高彥敬皆隱於山林稱逸士皆書戴次文仇又邱靈之助者

治堂二兄大人正之 少穆弟林則徐

林則徐　　書法

118.0cm x 29.3cm （紙本）

林則徐（1785—1850），字元撫，又字少穆、石麟，晚號俟村老人、俟村退叟、七十二峰退叟等，福建侯官人。清代政治家、文學家、思想家。

149

而又非本強之謂乃大乃人通身是力自為起張
此惟褚河南雲永與行書得之悟後如知首肯
余言也

季成志兄大人正時戊寅夏六月年五十四 林則徐

林 則 徐　　書 法

131.0cm x 27.4cm （紙本）

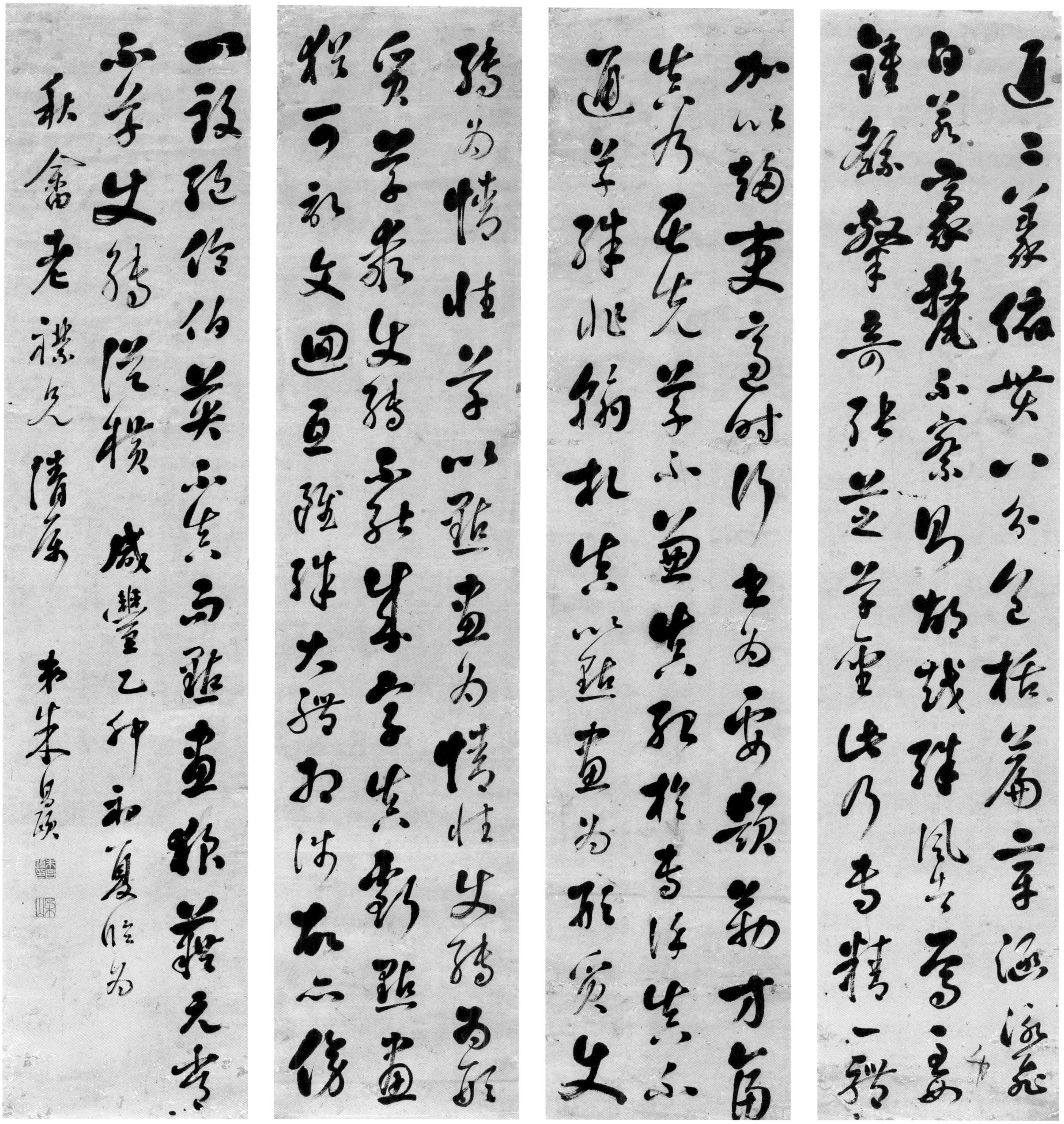

朱昌頤　書法

135cm x 29cm x 4 （紙本）

朱昌頤（1784—1855），字吉求，號朵山，浙江海鹽人。

湯貽汾　　山水

116cm x 43cm （紙本）

湯貽汾（1778—1853），字若儀，一字雨生，
號琴隱道人，晚號粥翁，江蘇武進人。工
詩文、書畫，尤善山水，亦寫墨梅、花卉等。

張生手執石鼓文，勸我試作石鼓歌。少陵無人謫仙死，才薄將奈石鼓何。周綱凌遲四海沸，宣王憤起揮天戈。大開明堂受朝賀，諸侯劍佩鳴相磨。蒐於岐陽騁雄俊，萬里禽獸皆遮羅。鐫功勒成告萬世，鑿石作鼓隳嵯峨。從臣才藝咸第一，揀選撰刻留山阿。雨淋日炙野火燎，鬼物守護煩撝呵。公從何處得紙本，毫髮盡備無差訛。辭嚴義密讀難曉，字體不類隸與蝌。年深豈免有缺畫，快劍斫斷生蛟鼉。鸞翔鳳翥眾仙下，珊瑚碧樹交枝柯。金繩鐵索鎖紐壯，古鼎躍水龍騰梭。陋儒編詩不收入，二雅褊迫無委蛇。孔子西行不到秦，掎摭星宿遺羲娥。嗟余好古生苦晚，對此涕淚雙滂沱。憶昔初蒙博士徵，其年始改稱元和。故人從軍在右輔，為我度量掘臼科。濯冠沐浴告祭酒，如此至寶存豈多。氈包席裹可立致，十鼓祇載數駱駝。薦諸太廟比郜鼎，光價豈止百倍過。聖恩若許留太學，諸生講解得切磋。觀經鴻都尚填咽，坐見舉國來奔波。剜苔剔蘚露節角，安置妥帖平不頗。大廈深簷與蓋覆，經歷久遠期無佗。中朝大官老於事，詎肯感激徒媕婀。牧童敲火牛礪角，誰復著手為摩挲。日銷月鑠就埋沒，六年西顧空吟哦。羲之俗書趁姿媚，數紙尚可博白鵝。繼周八代爭戰罷，無人收拾理則那。方今太平日無事，柄任儒術崇丘軻。安能以此上論列，願借辯口如懸河。石鼓之歌止於此，嗚呼吾意其蹉跎。

石鼓歌 道光二十五年十月 邨村老人林則徐

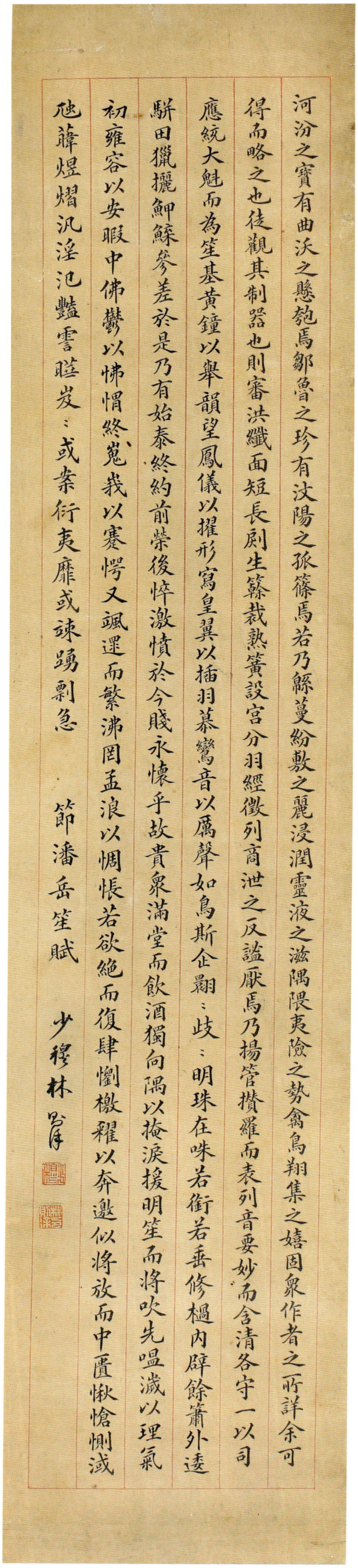
河汾之寶有曲沃之懸匏焉鄒魯之珍有汶陽之孤篠焉若乃縣蔓紛敷之麗浸潤靈液之滋隅隈夷險之勢禽鳥翔集之嬉固衆作者之所詳余可
得而略之也徒觀其制器也則審洪纖面短長剟生簳裁熟簧設宮分羽經徵列商泄之反謐厥焉乃揚管攢羅而表列音要妙而含清各守一以司
應統大魁而為笙基黃鐘以舉韻望鳳儀以擢形寫皇翼以插羽慕鸞音以厲聲如鳥斯企翾翾歧歧明珠在咮若銜若垂修樞內辟餘簫外逶
駢田獵攦鯽鯀參差於是乃有始泰終約前榮後悴激憤於今賤永懷乎故貴衆滿堂而飲酒獨向隅以掩淚援明笙而將吹先嗢噦以理氣
初雍容以安暇中佛鬱以怫惝終嵬峩以蹇愕又颯遝而繁沸罔孟浪以惆悵若欲絕而復肆懰檄糴以奔邀似將放而中匱愀愴惻淢
虺韡煜熠汎淫汜豔霅曄岌岌或案衍夷靡或竦踴剽急
節潘岳笙賦
少穆林則徐

林則徐 書法

94.5cm x 20.2cm （紙本）

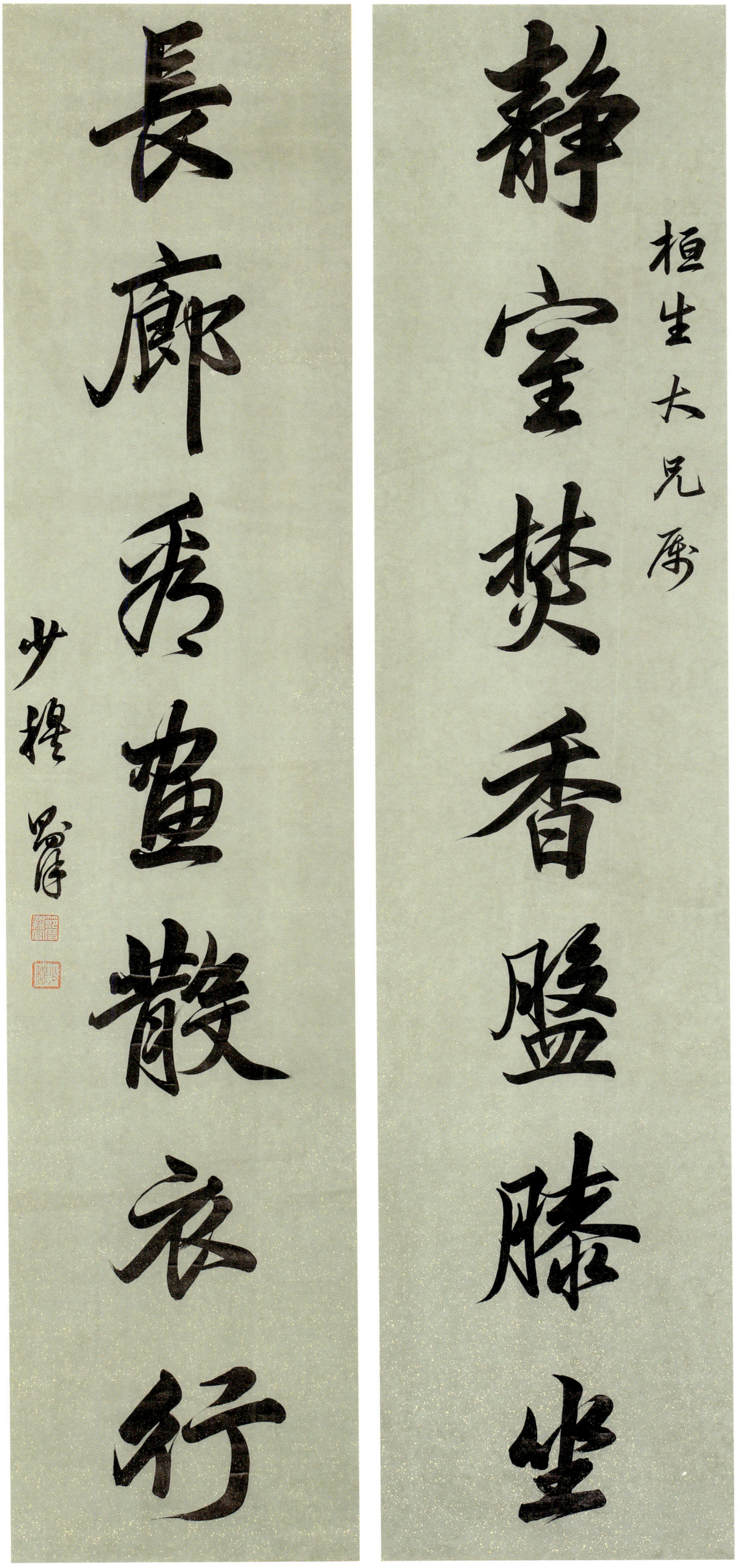

静室焚香盤膝坐

桓生大兄屬

長廊秀畫散衣行

少穆題 林則徐

林則徐　書法

127.0cm × 28.5cm × 2（紙本）

黄 鞠　花 鳥

109cm x 64cm　（紙本）

黄鞠（約 1796—1860），字秋士，號菊癡，松江人。工繪事，善花卉、
仕女，兼擅篆刻。

汪昉 山水

131cm x 66cm （紙本）

汪昉（1799—1877），字叔明，號菽民，又號啜菽老人，江蘇陽湖人。善山水，書法師趙孟頫，尤精鑒賞。

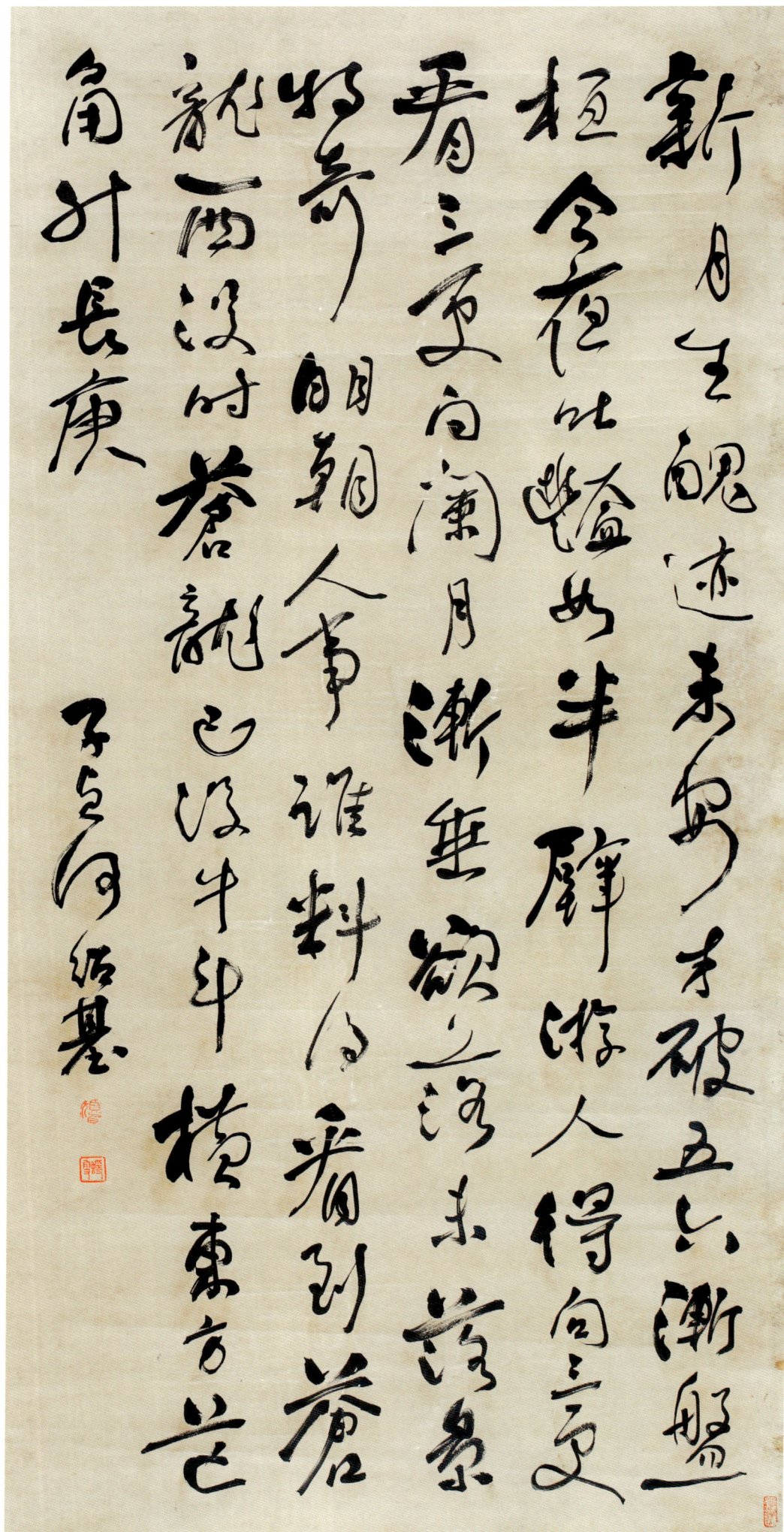

新月生魄迹未分才破五兮渐盘纽今夜此临如半璧游人得向三五夕看三家向阑月渐垂缺谁为蒨旁明朝人尽谁料得看到苍龙已没时横亘牛斗横亘东方芒角对长庚

子贞何绍基

何绍基　　　書法

134.0cm x 66.5cm（紙本）

何紹基（1799—1873），字子貞，號東洲，別號東洲居士，晚號蝯叟，湖南道州人。清詩人、書法家。

156

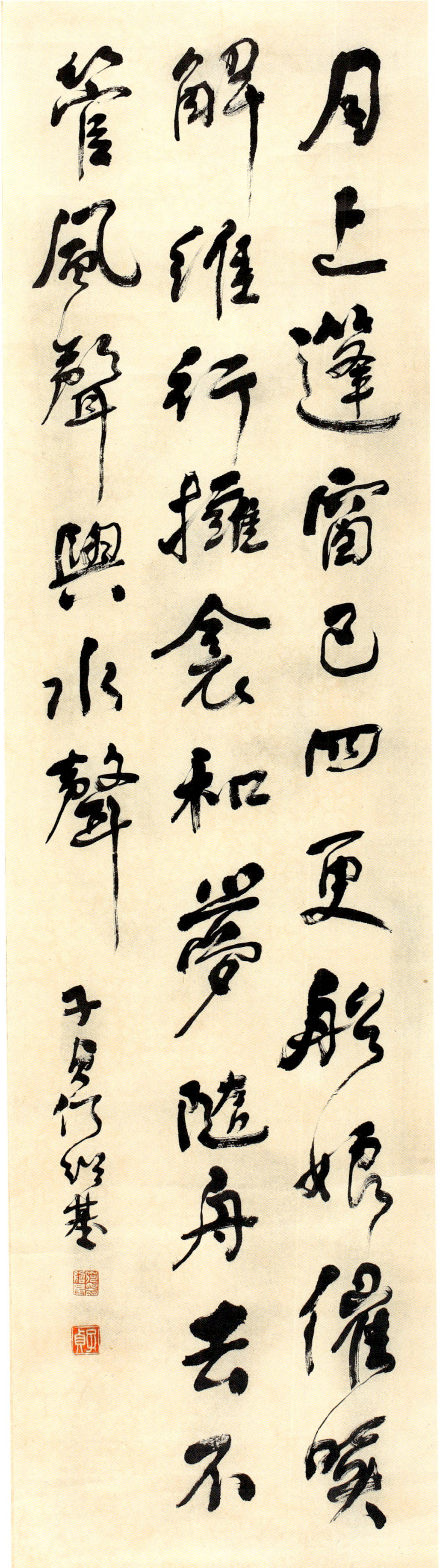

月上蓮塘已四更 船娘催喚
解維行擁衾和夢隨舟去不
管風聲與水聲

壬戌行 何紹基

何紹基　書法
147.5cm x 38.8cm　（紙本）

157

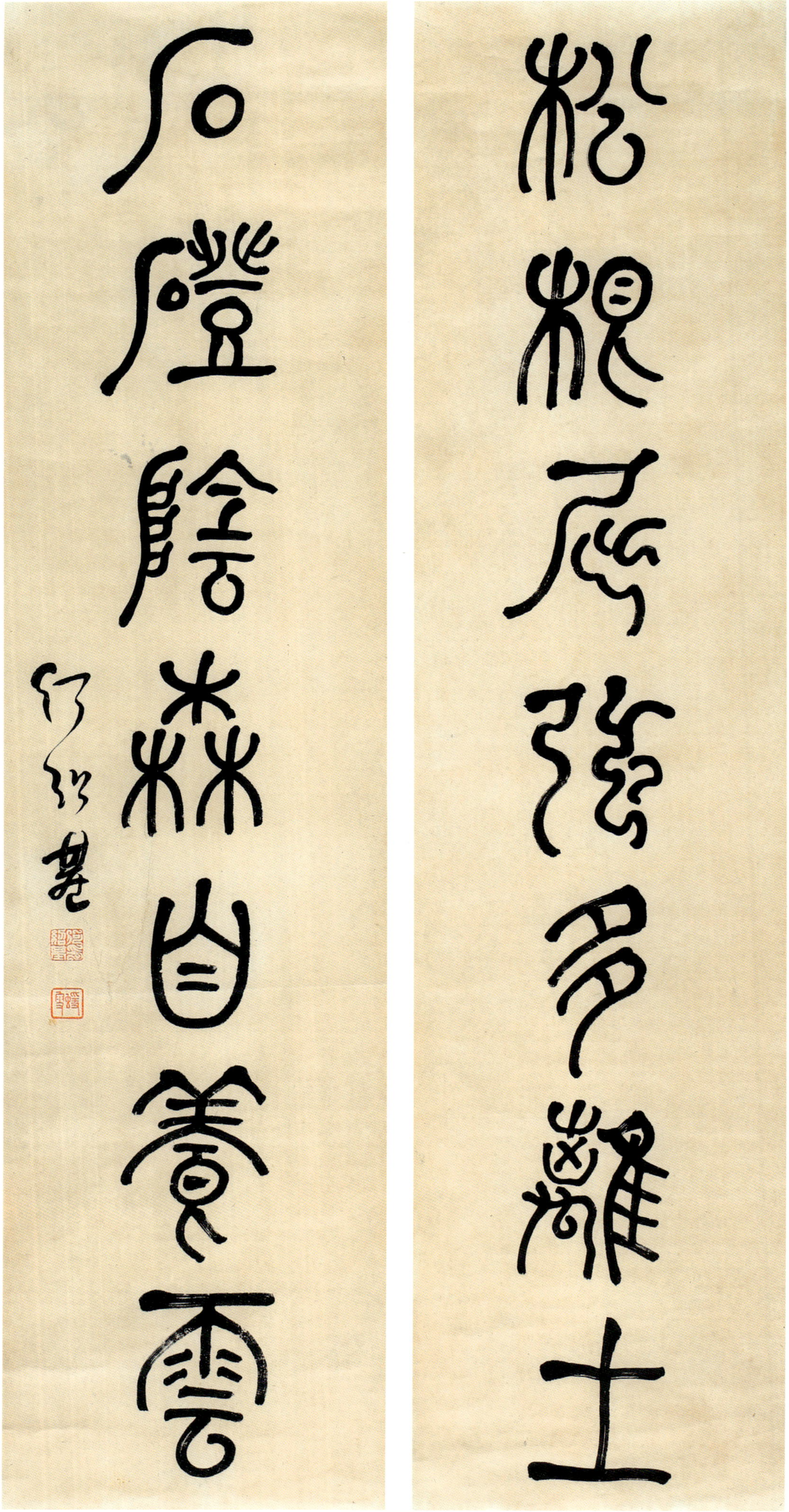

松根屹強多離土

石燈餘燼森自養雲

何紹基　　書法

108cm × 27cm × 2　（紙本）

戴 熙 山 水

123.5cm x 62.5cm （紙本）

戴熙（1801—1860），字醇士，號鹿床、榆庵等，錢塘人。清代畫家。
擅畫山水，尤善花卉及竹石小品，能治印。

傲雪凌霜
竹城辛先居 戴熙

戴 熙　山 水

123cm × 41cm（紙本）

160

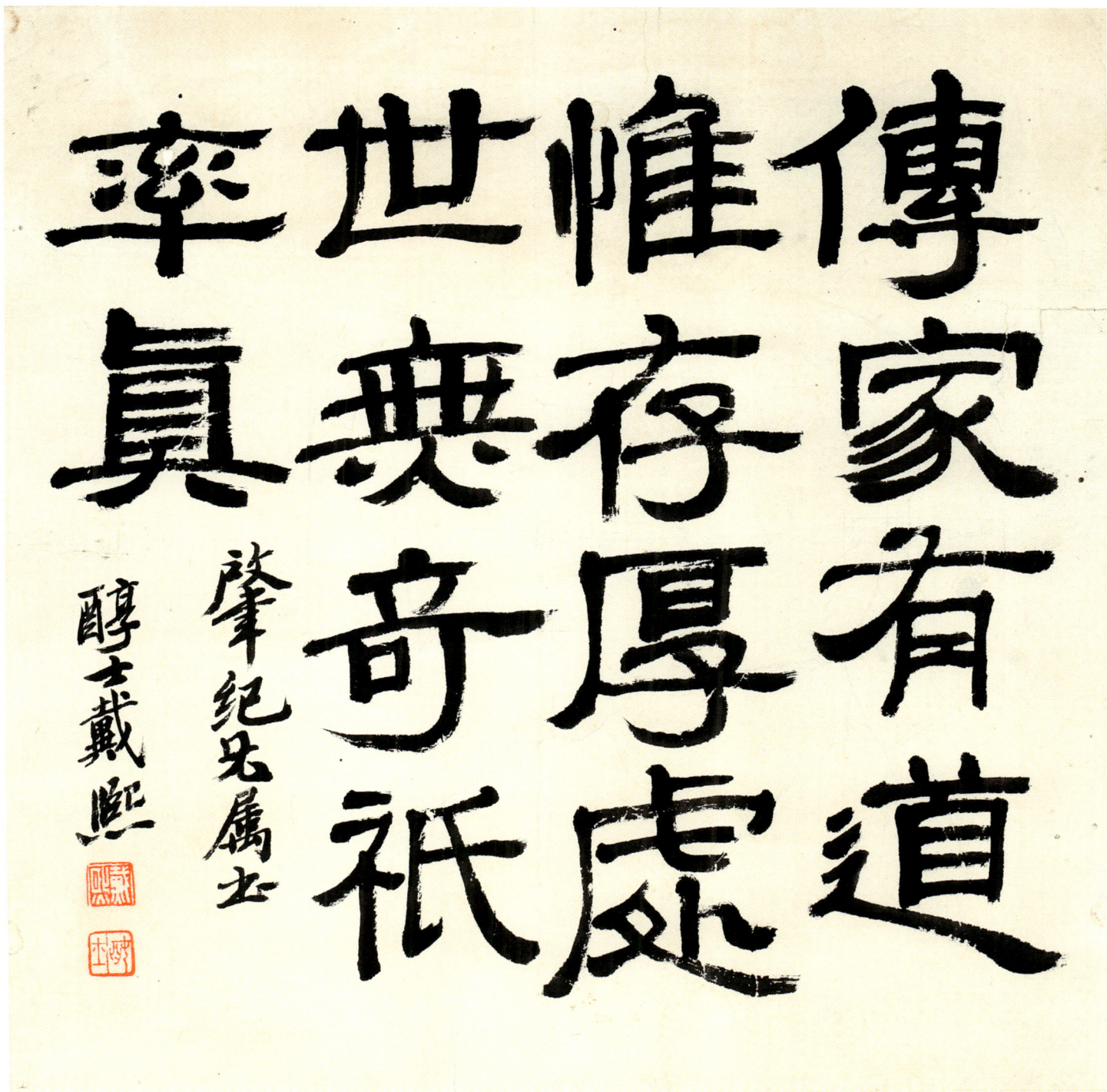

傳家有道惟存厚處世無奇祇率真

肇平紀兄屬書

醇士戴熙

戴熙　書法

48.5cm x 47.5cm（紙本）

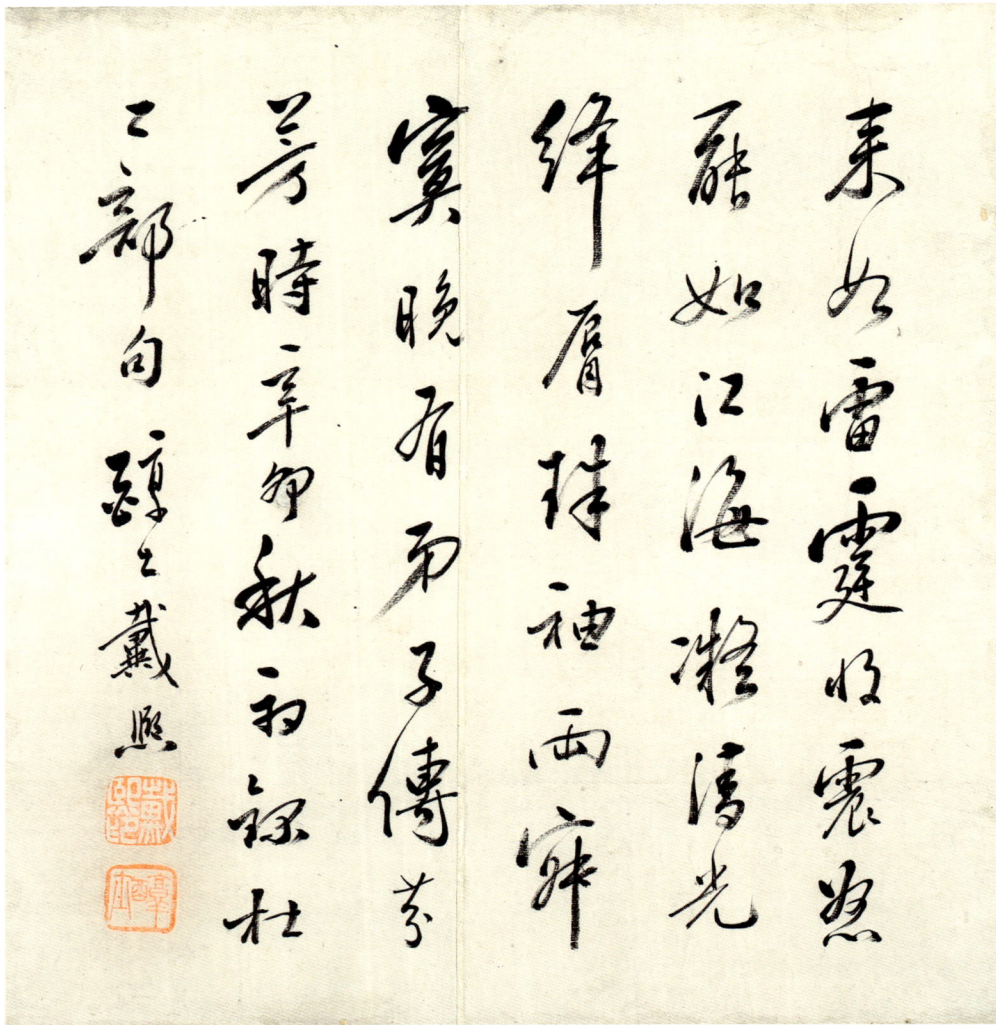

戴熙 書法

32.5cm x 30.5cm （紙本）

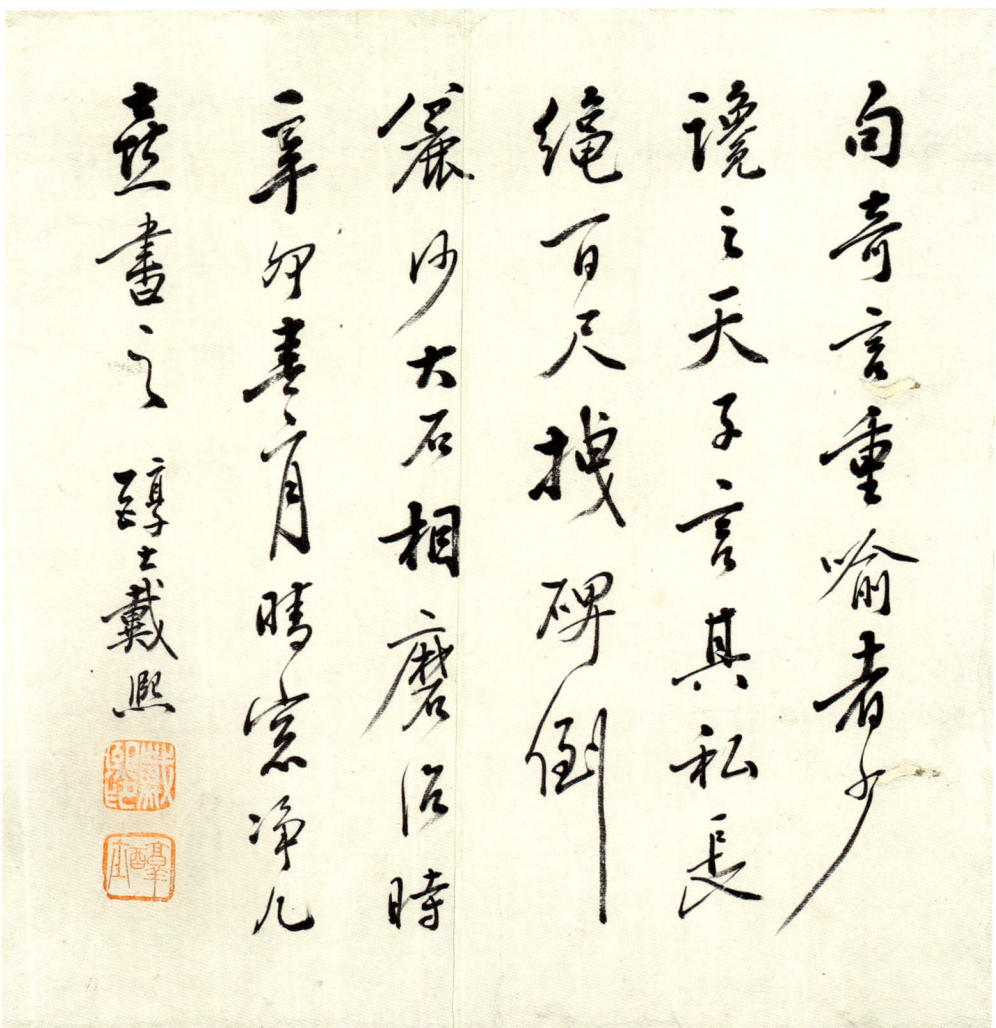

戴熙 書法

32.5cm x 30.5cm （紙本）

戴熙 山水

84cm x 36cm （纸本）

費丹旭　　人物

111.5cm x 40.0cm （紙本）

費丹旭（1801—1850），字子苕，號曉樓、環溪生，晚號偶翁，浙江烏程人。一生以賣畫爲生，奔波于江蘇、浙江兩省，寓杭州最久。畫名頗盛，以仕女、肖像名盛一時。

右爲局部

164

黄初三年余朝京師還濟洛川古人有言斯水之神名曰宓妃感宋玉對楚王說神女之事遂作斯賦其詞曰

余從京師言歸東藩背伊闕越轘轅經通谷陵景山日既西傾車殆馬煩爾乃稅駕乎蘅皋秣駟乎芝田容與乎楊林流眄乎洛川於是精移神駭忽焉思散俯則未察仰以殊觀睹一麗人于巖之畔爾迺援御者而告之曰爾有覿於彼者乎彼何人斯若此之艷也御者對曰臣聞河洛之神名曰宓妃則君王之所見也無迺是乎其狀若何臣願聞之

余告之曰其形也翩若驚鴻婉若游龍榮曜秋菊華茂春松髣髴兮若輕雲之蔽月飄颻兮若流風之迴雪遠而望之皎若太陽升朝霞迫而察之灼若芙蕖出淥波穠纖得衷脩短合度肩若削成腰如約素延頸秀項皓質呈露芳澤無加鉛華弗御雲髻峨峨脩眉聯娟丹脣外朗皓齒內鮮明眸善睞靨輔承權瑰姿艶逸儀靜體閒柔情綽態媚於語言奇服曠世骨像應圖披羅衣之璀璨兮珥瑤碧之華琚戴金翠之首飾綴明珠以耀軀踐遠游之文履曳霧綃之輕裾微幽蘭之芳藹兮步踟蹰於山隅於是忽焉縱體以遨以嬉

左倚采旄右蔭桂旗攘皓腕於神滸兮采湍瀨之玄芝余情悅其淑美兮心振蕩而不怡無良媒以接歡兮託微波而通辭願誠素之先達兮解玉佩以要之嗟佳人之信脩羌習禮而明詩抗瓊珶以和余兮指潛淵而為期執眷眷之款實兮懼斯靈之我欺感交甫之棄言兮悵猶豫而狐疑收和顏而靜志兮申禮防以自持

於是洛靈感焉徙倚彷徨神光離合乍陰乍陽竦輕軀以鶴立若將飛而未翔踐椒塗之郁烈步蘅薄而流芳超長吟以永慕兮聲哀厲而彌長爾乃眾靈雜遝命儔嘯侶或戲清流或翔神渚或采明珠或拾翠羽從南湘之二妃攜漢濱之游女歎匏瓜之無匹兮詠牽牛之獨處揚輕袿之猗靡兮翳脩袖以延佇體迅飛鳧飄忽若神凌波微步羅襪生塵動無常則若危若安進止難期若往若還轉眄流精光潤玉顏含辭未吐氣若幽蘭華容婀娜令我忘餐

於是屏翳收風川后靜波馮夷鳴鼓女媧清歌騰文魚以警乘鳴玉鸞以偕逝六龍儼其齊首載雲車之容裔鯨鯢踊而夾轂水禽翔而為衛於是越北沚過南岡紆素領迴清陽動朱脣以徐言陳交接之大綱恨人神之道殊兮怨盛年之莫當抗羅袂以掩涕兮淚流襟之浪浪悼良會之永絕兮哀一逝而異鄉無微情以效愛兮獻江南之明璫雖潛處於太陰長寄心於君王忽不悟其所舍悵神宵而蔽光

於是背下陵高足往神留遺情想像顧望懷愁冀靈體之復形御輕舟而上泝浮長川而忘反思綿綿而增慕夜耿耿而不寐霑繁霜而至曙命僕夫而就駕吾將歸乎東路攬騑轡以抗策悵盤桓而不能去

道光廿有七年丁未夏六月上澣 曉樓費丹旭畫

費 丹 旭　　山 水

93.5cm x 33.8cm （紙本）

費 丹 旭　　人 物

106.5cm x 31.3cm （紙本）

閑洒階邊草輕隨山外風黃山翁君祝元之
上古橋　甲子年冬月　樂民湯禄名

湯禄名　　人物

89.3cm x 47.0cm（絹本）

湯禄名（1804—1874），字樂民，江蘇武進人，寓金陵。善白描人物，工設色仕女，尤擅花卉、果實。

湯禄名 人物

95.0cm x 43.5cm （紙本）

張之萬　　山　水

132cm × 54cm （紙本）

張之萬（1811—1897），字子青，直隸
南皮人。畫承家學，與戴熙時稱"南戴
北張"。書精小楷。

寂是禁秋質偏於晚節開傲霜宜拆帽飲

露似擎杯李適慈恩寺陶潛彭澤隈一般

欣所遇知己問誰来

滌生曾國藩

曾國藩 書法

153cm x 34cm （紙本）

曾國藩（1811—1872），原名子城，字伯涵，號滌生，湖南湘鄉人。晚清政治家、戰略家、理學家、文學家、書法家。

戟戶香濃環翠竹

墨床春靄繞紅蘭

滌生曾國藩

曾國藩　書法

136.3cm x 34.3cm x 2（紙本）

172

左 宗 棠　　書 法

142.0cm x 31.5cm x 2（紙本）

左宗棠（1812—1885），字季高，一字樸存，
號湘上農人，湖南湘陰人。清末洋務派和
湘軍首領。

鄉月昇金掌

春星帶草堂

左宗棠

真然　人物

129cm x 54.5cm　（纸本）

真然（1816—1884），僧人。俗姓丁，自称俗丁，名真然，字莲溪，一號野航，又稱黃山樵子，江蘇興化人。工山水、人物，亦善花卉、禽鱼，兼工篆刻。

真 然　人物

163.5cm x 84.8cm　（纸本）

陳 允 升　　山 水

145cm x 37cm　（紙本）

陳允升（1820—1884），字仲升，號紉齋，
浙江鄞縣人。寓居上海鬻畫爲生。工書，
精繪事，善草隸，亦擅山水、人物。能
治印。有《紉齋畫剩》行世，爲海上名家。

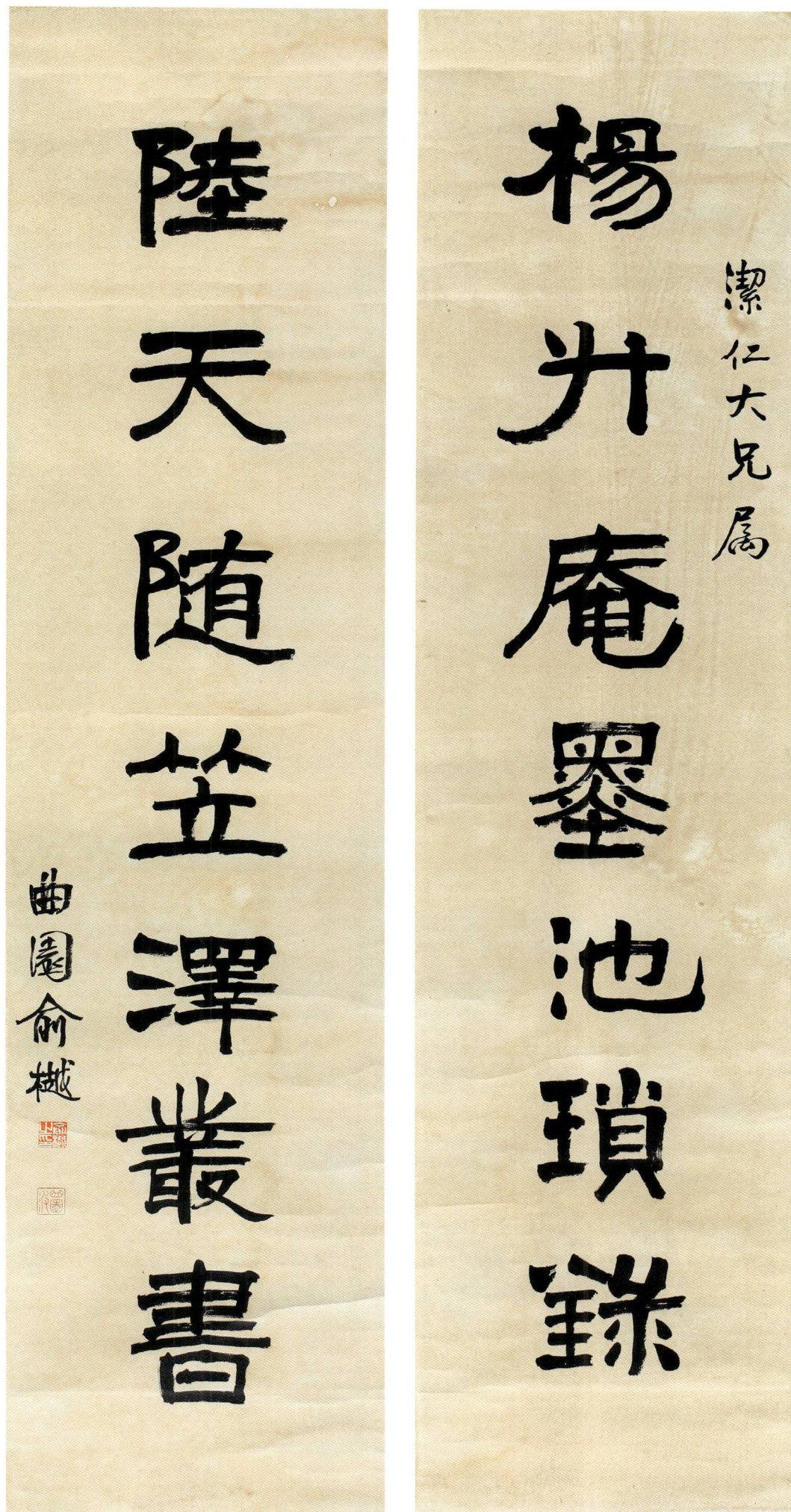

楊丬庵墨池瑣錄

潔仁大兄屬

陸天隨笠澤叢書

曲園俞樾

俞 樾　書 法

131cm x 33cm x 2 （紙本）

俞樾（1821—1907），字蔭甫，號曲園，浙江德清人。清末學者、文學家、經學家、古文字學家、書法家。工書法，以篆、隸法作真書，以隸筆作楷書，別具一格。

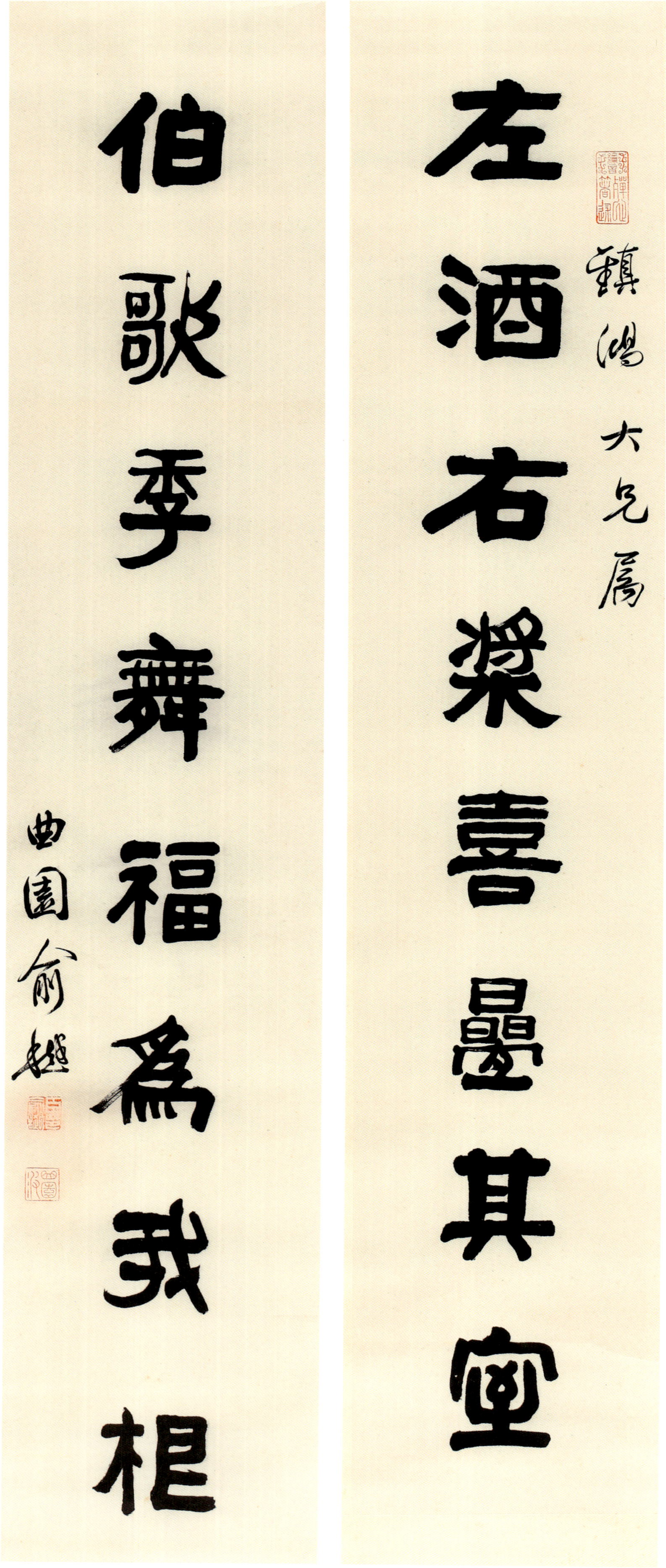

左酒右漿喜壽其室

伯歌季舞福為我根

鎮鴻 大兄屬

曲園俞樾

俞樾　書法

156cm x 31cm x 2 （紙本）

178

任熊 人物

131.5cm x 66.0cm （紙本）

任熊（1823—1857），字渭長，號湘浦，
浙江蕭山人。清末畫家。繪畫以人物見長，
尤精于肖像畫，亦擅山水、花卉、蟲魚、走獸。
爲"海派"代表人物之一。

任熊　人物

125.5cm x 29.3cm （紙本）

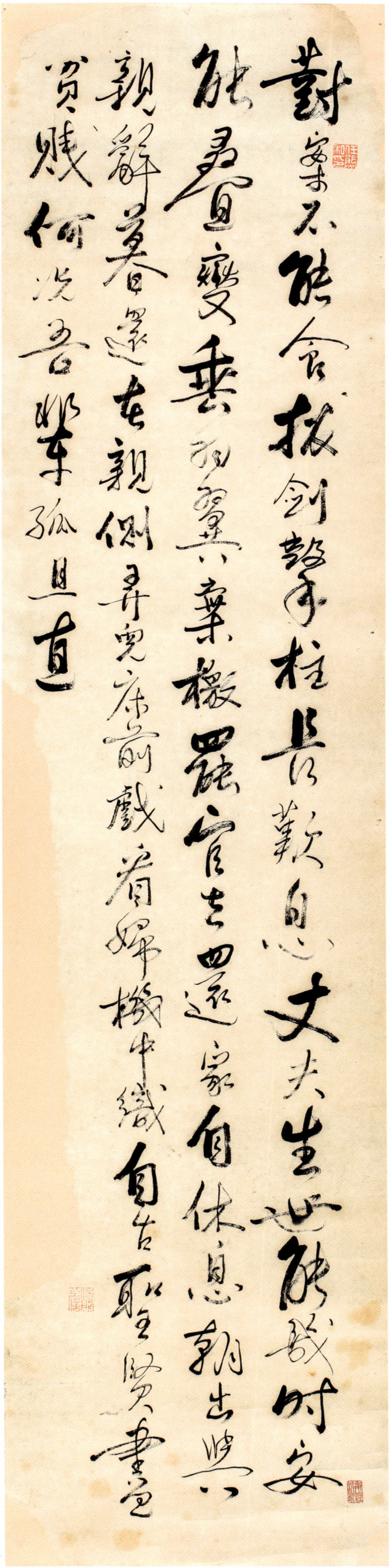

對客不能舍投劍聲扳長歎息丈夫生世能幾時安
能蹙眉變色棄樓羅官去四逯家自休息朝出與
親辭暮還在親側尋常�ネ前戲看婦機中織自古聖賢重
貧賤何況吾輩孤且直

任　熊　　書　法

135.0cm x 32.5cm　（紙本）

任 熏 花 鳥

172cm x 51cm （紙本）

任熏（1835—1893），字阜長，浙江蕭山
人。任熊弟。清末畫家。善畫人物、花卉、
禽鳥，畫法博采衆長，面貌多樣。爲清末"海
上畫派"代表人物之一。

同治戊辰冬十二月仿元人筆意阜長任薰寫

任 熏　花 鳥

107cm x 40cm　（紙本）

任 熏　花 鳥

132.0cm x 33.5cm　（紙本）

任 熏 花 鳥

45.5cm x 33.5cm （紙本）

清譚妙理來松下風

鮮墨法書研桂上露

蕭邨尊兄屬

少荃 李鴻章

李鴻章　　書　法

176cm x 39cm x 2 （紙本）

李鴻章（1823—1901），本名章銅，字漸甫、
子黻，號少荃（一作少泉），晚年自號儀叟，
別號省心，安徽合肥人。清末洋務派和淮
軍首領。

煉丹仙子渺茫洞一夕乘風巳不

去爐迟庆雲已以佩環去去自来

今古煙濶湖寺西南路州緑裙

曹一道斜州城迎繞拂雲惟

鏡水稽山海眼来四面常与時

寫屏降尤家終日在樓庵著

河似洵篝荷底鼓角塵海邊

蓬萊矣　清蘭仁兄屬　少荃李鴻章

李鴻章　書法

163.5cm x 32.0cm x 4（絹本）

虚谷　花鳥

95cm x 51cm （紙本）

虚谷（1823—1896），俗姓朱，僧名虚白，字虚谷，別號紫陽山民、倦鶴，室名覺非庵、古柏草堂、三十七峰草堂，安徽新安人。清代畫家，"海上四大家"之一，有"晚清畫苑第一家"之譽。工山水、花鳥、動物等，尤善畫松鼠和金魚。書法工隸書。

虚谷　花鳥

90.5cm x 26.3cm （紙本）

光绪十四年春
二月也
云谷

虚谷　花鸟

67.5cm × 33.5cm　（纸本）

虚谷 花 鸟

67.5cm x 33.5cm （纸本）

一片光明心比月

十分欣喜我知魚

壽南尊兄軍門大人勛鑒

沅浦曾國荃

曾國荃　書法

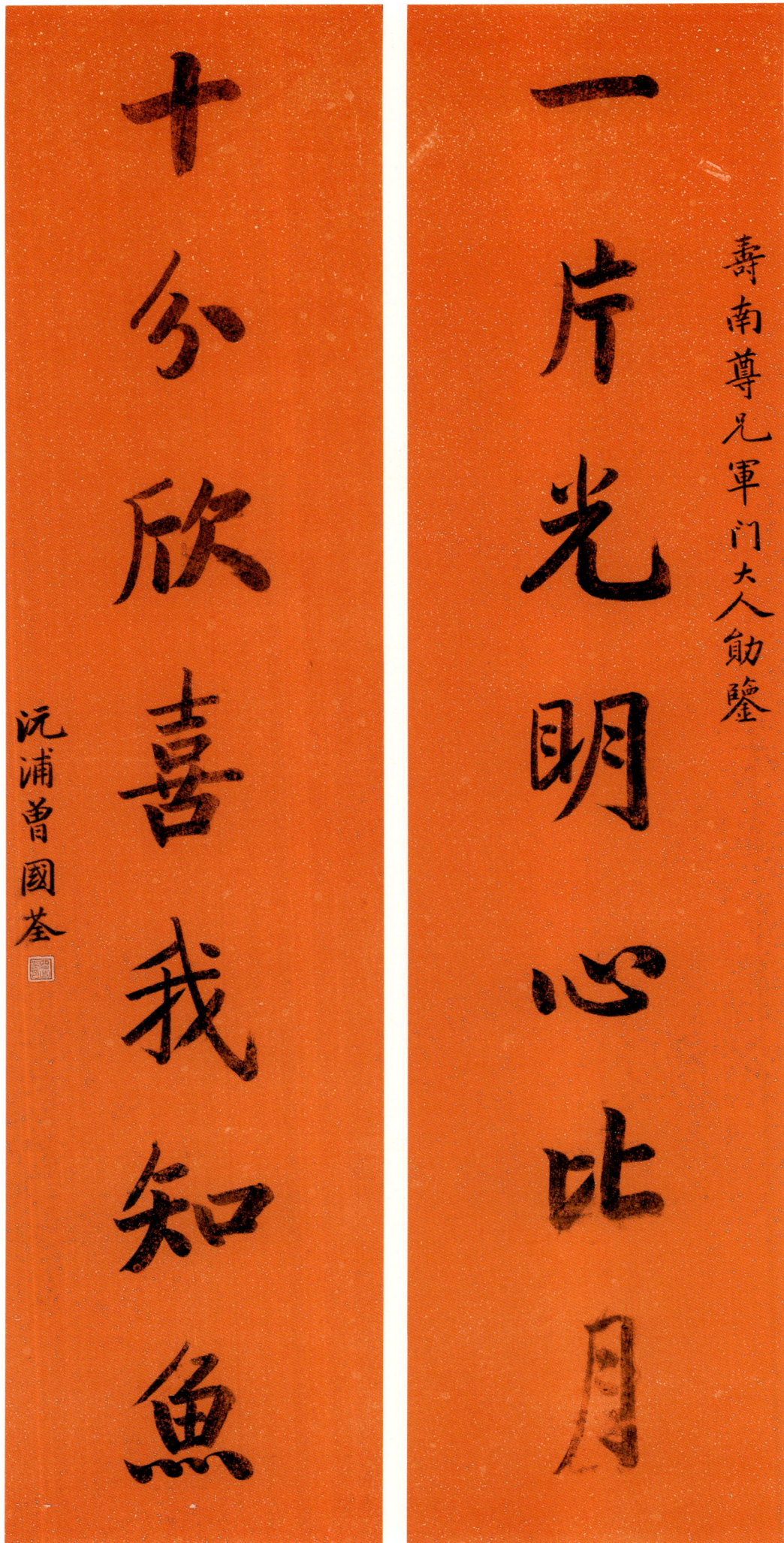

130.0cm x 31.5cm x 2（紙本）

曾國荃（1824—1890），字沅甫，號叔純，湖南湘鄉人。曾國藩之弟。清末湘軍首領。

朱偁　花鳥

126.5cm x 64.0cm　（紙本）

朱偁（1826－1900），初名琛，后改偁，字覺未，號夢廬，別號鴛湖散人、
鴛湖畫叟、柴陽叔子、玉溪外史，晚號胥山樵叟，浙江嘉興人。清代畫家。
工花鳥、竹石，初法張熊，後改學王禮。

未許園林終晚節 不妨風雨到重陽

政和仁兄大人雅正 夢廬朱偁寫並記

朱 偁　花 鳥

167.5cm x 44.0cm （紙本）

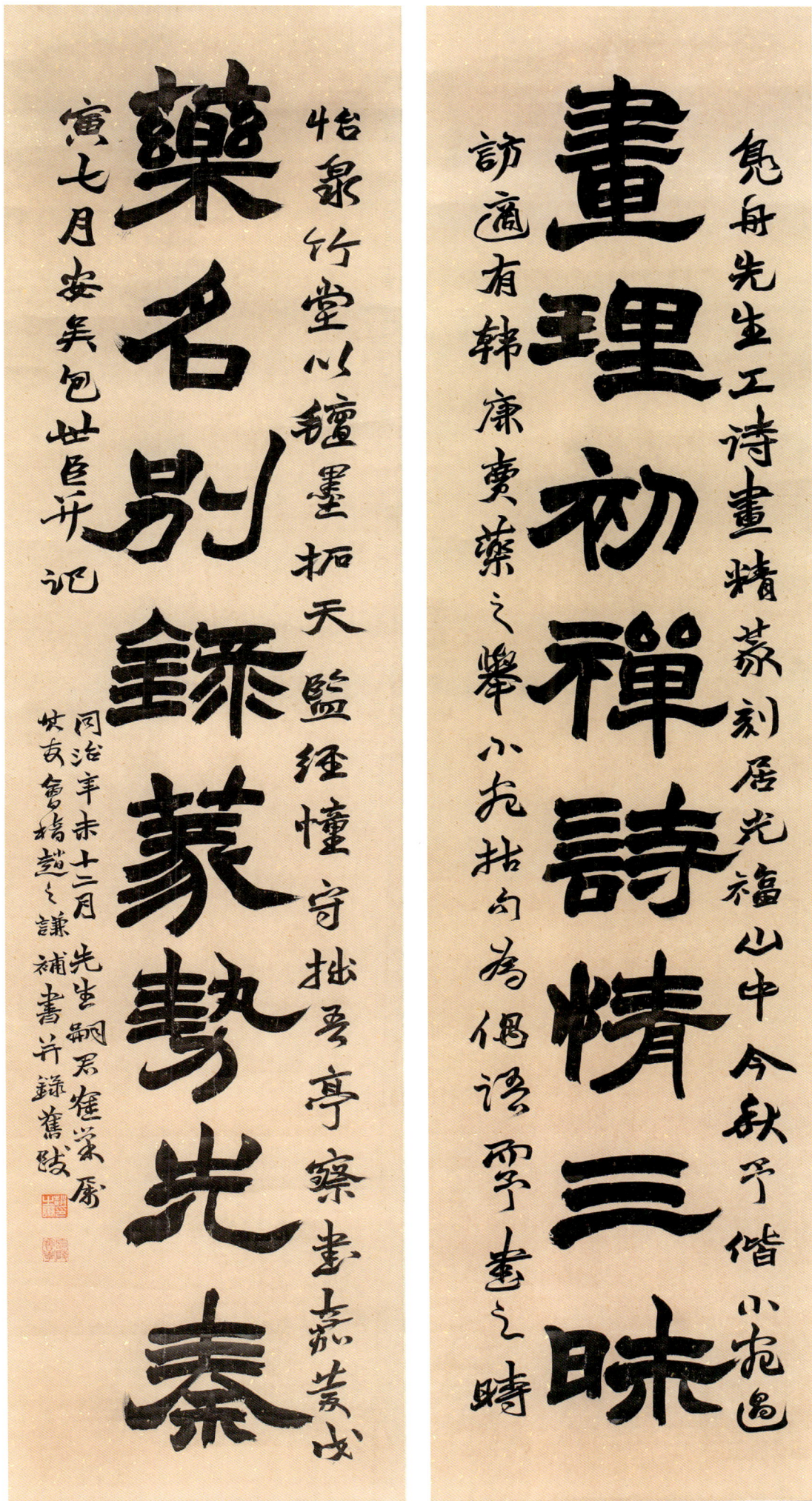

書畫對聯

畫理初禪詩情三昧
藥名別錄篆勢先秦

兔舟先生工詩畫精篆刻居光福山中今秋予偕小松過訪適有韓康賣藥之舉小松拈句為偶語予走書之時

怡泉竹堂以鐘墨拓天監經幢守拙號亭察畫上嘉慶戊寅七月安吳包世臣并記

同治辛未十二月　先生嗣君崔榮屬　妖友魯楷趙之謙補書并錄舊跋

趙之謙　　書　法

173.5cm x 44.5cm x 2（紙本）

趙之謙（1829—1884），初字益甫，號冷君，後改字撝叔，號鐵三、憨寮，後又號悲庵、無悶，浙江會稽人。清代書畫家、篆刻家。

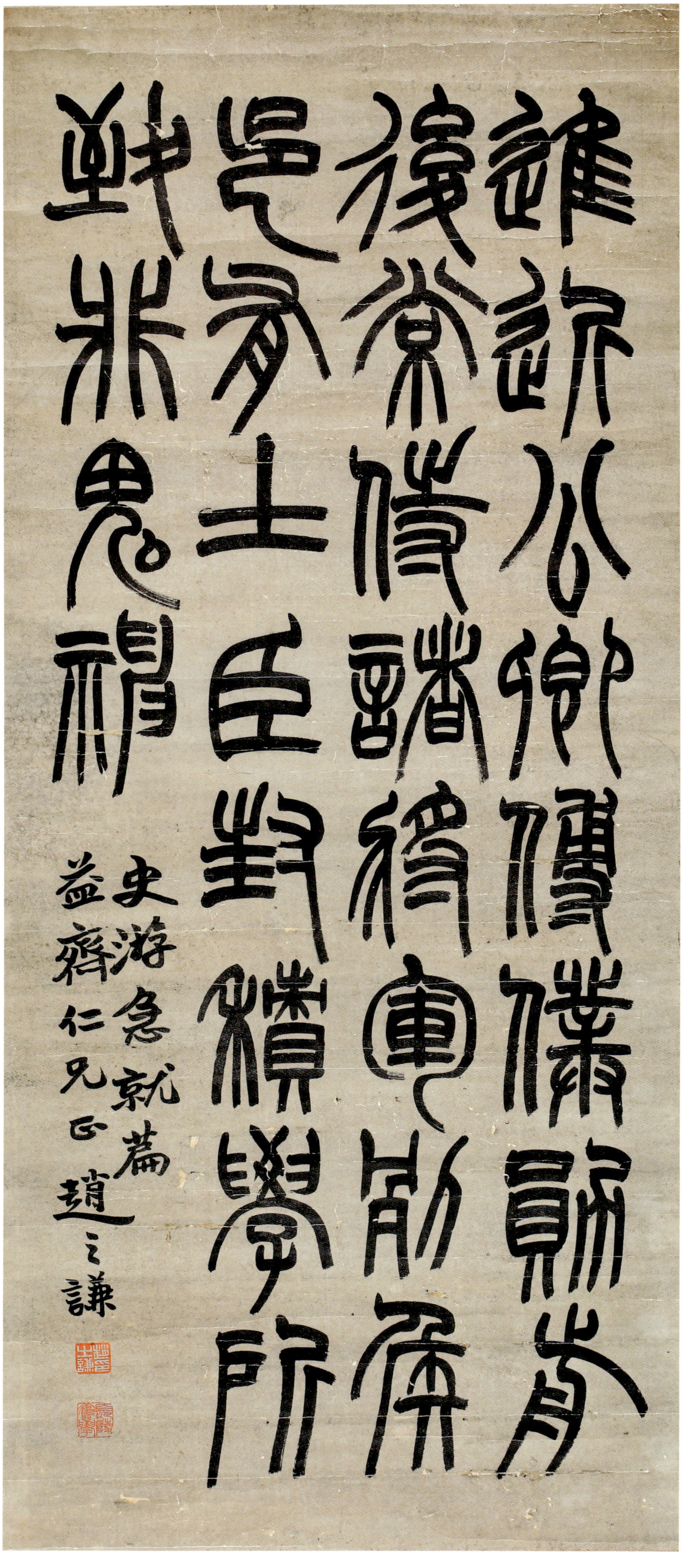

誰不公卿傳業者
後索債諸掾屬
足家士臣封標學所
戰米鬼褆

史游急就篇

益齋仁兄正 趙之謙

趙之謙　書法

121.5cm x 52.0cm （紙本）

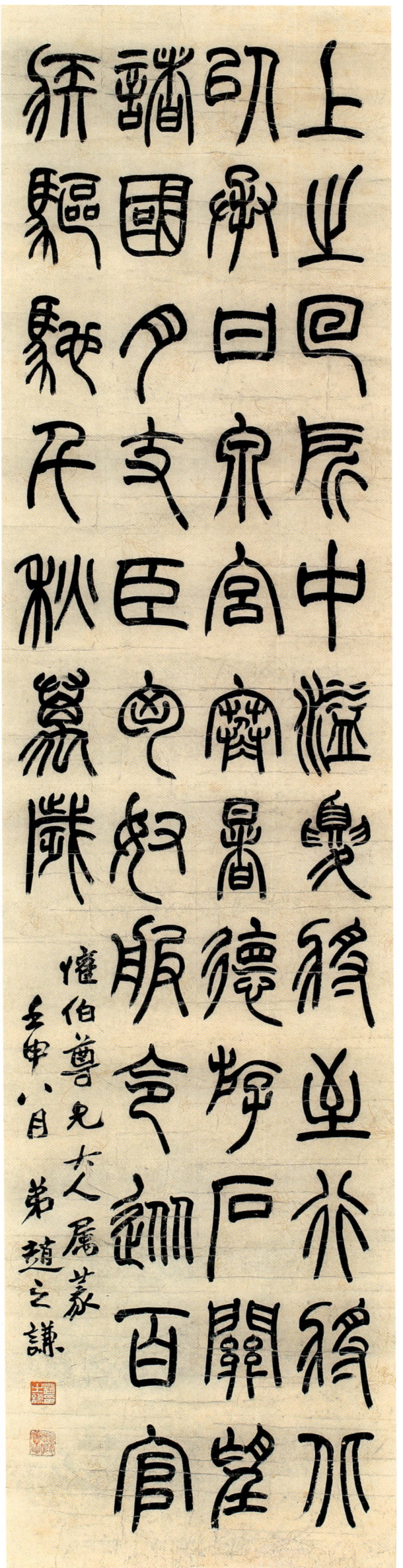

上业国辰中溢奥後坐水後水
叭𠂤日宗宫寶曰德𦍒石關塑
諂國尸支臣𢂀妇巳服令迦百官
𥎊驅𩦵𨑕秌𧰼歲

憧伯尊先大人屬篆
壬申八月
弟趙之謙

趙之謙 書法

171.7cm x 42.7cm （紙本）

197

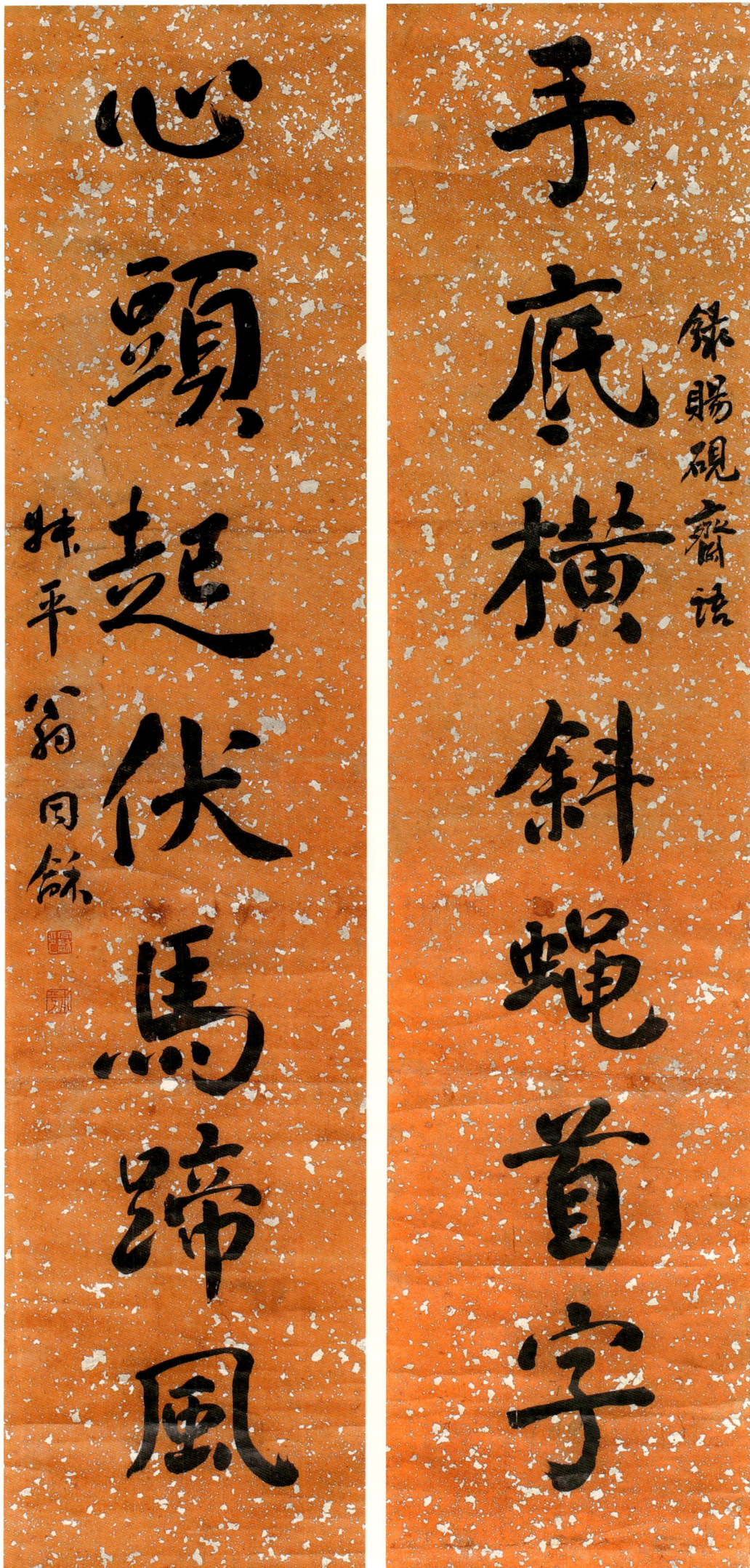

心頭起伏馬歸風

手底橫斜蠅首字

錄賜硯齋語

抹平 翁同龢

翁同龢　　書法

147cm x 33cm x 2 （紙本）

翁同龢（1830—1904），字聲甫，號叔平，
晚號松禪、均齋、瓶笙、瓶廬居士等，江蘇
常熟人。工詩畫，尤以書法名世。

198

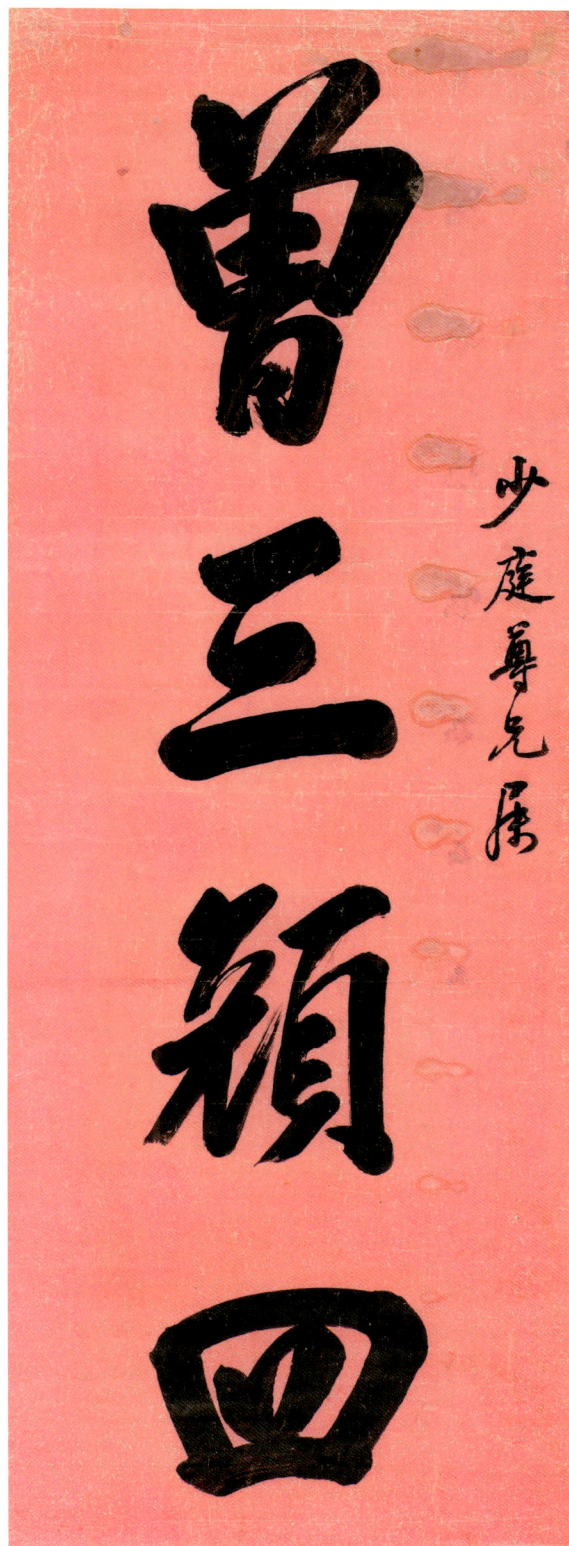

曾三顏四

禹寸陶分

少庭尊兄屬

翁同龢

翁同龢　書　法

137cm x 49cm x 2 （紙本）

辟引春花初放錦

偉士仁兄大人

柳搖秋月總宜風

翁同龢

翁同龢　書法

168.5cm x 43.0cm x 2 （紙本）

200

道在聖傳脩在己

德由人積鑒由天

辛平翁同龢

翁同龢　　書法

132.0cm x 31.5cm x 2（紙本）

家庭喜擁春新來
世界文偕日增進

壽泉二兄大人雅正

樹平弟翁同龢

翁同龢　書法

126.5cm x 29.5cm x 2 （紙本）

202

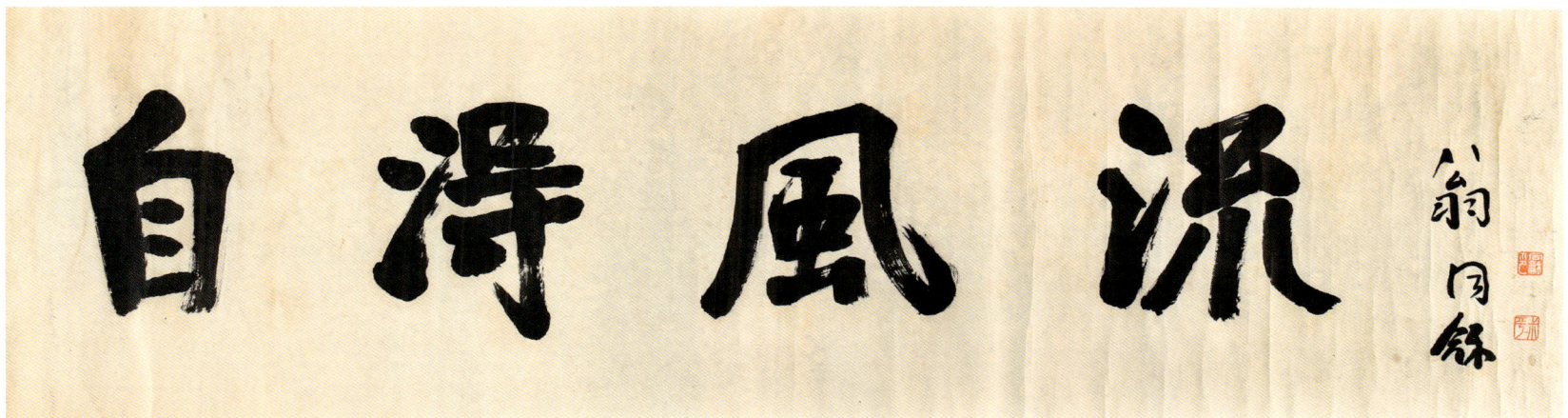

自得風流

翁同龢　書法

37.5cm x 136.5cm　（紙本）

深苑春光媚

重門瑞氣濃

荆平翁同龢

翁同龢　書法

135cm x 33cm x 2 （紙本）

翁同龢　山水

99.0cm x 33.5cm　（紙本）

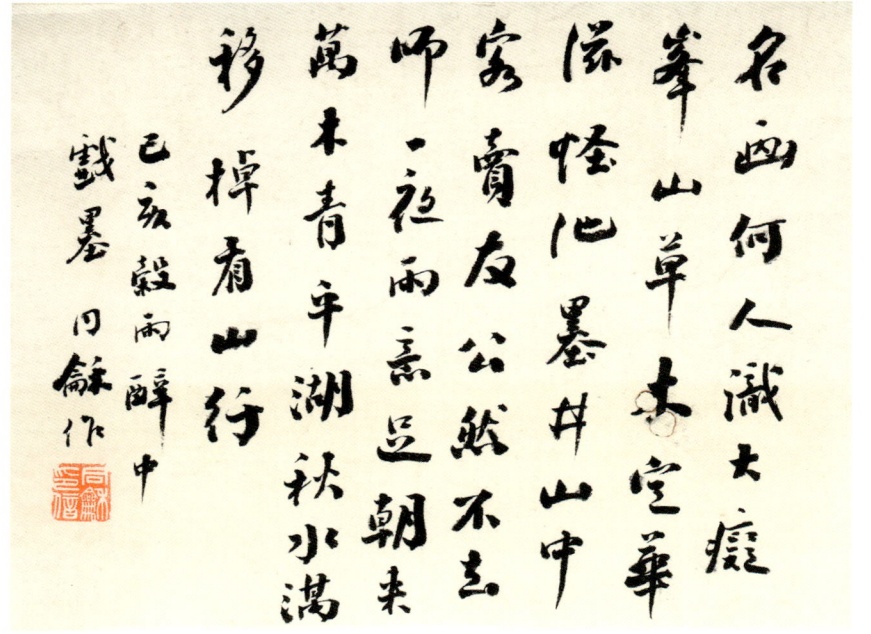

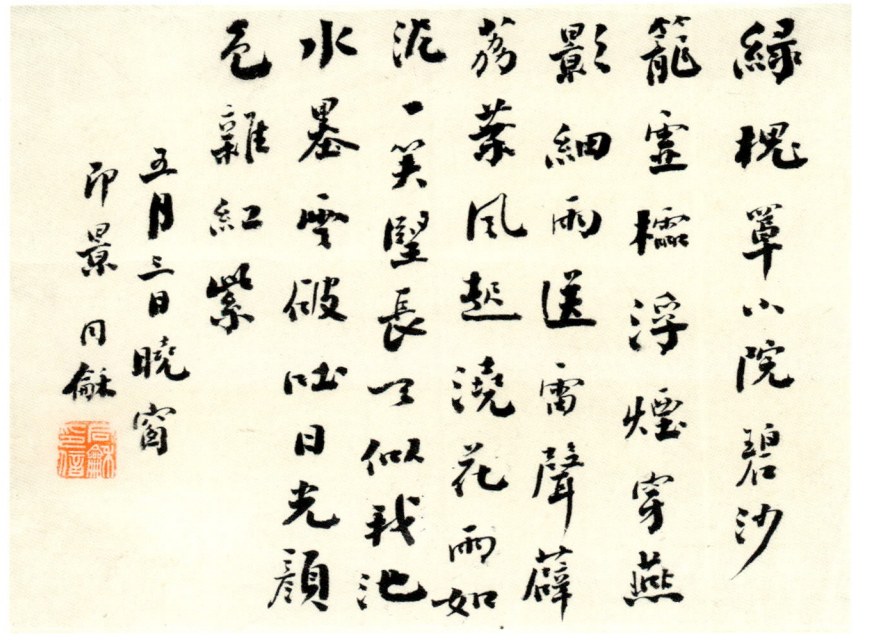

名画何人藏大癡
筆山草木空華
淡怪似墨井山中
客賣友公然不立
師一祗雨素已朝来
萬木青平湖秋水滿
移棹看山行
己亥穀雨醉中
戲墨 同龢作

綠槐單小院碧沙
籠靈檻浮煙窄燕
影細雨匡窗薜
荔茶風越澆花雨如
泥一笑堅長已似我池
水墨雲破吐日光顏
色雜紅紫
五月三日晚窗
印景 同龢
　　

翁同龢　　書畫
26.0cm × 34.5cm × 4 （紙本）

上官周　　山水
26.0cm × 34.5cm × 4 （紙本）

画到獅林絕代無
亦名蹟冠倪迂兩家
筆墨能兼衆妙要
看荊關於此圖山中
煮石作歸來萬樹瓊
花響劃開彷彿暗
香生卷裏在寒明
月與徘徊
瓶居士

紫文學士奏驪歌滇
芝初平慶止戈劼耿
金雞宣大敕一逕馴
家寶珠駝五月薰風
殿閣涼忽傳避暑到
山莊金盆意縣菖湯
溫為媚君王獻方多
歸田因咸唱亥秦與
同里滿前華唱和
乃樂夫無聊也
瓶居士

金 鑒　山 水

118cm x 29cm （紙本）

金鑒（1832—1911），字明齋，號弈隱，
錢塘人。性耽書畫，精鑒別。工書，亦能
刻印，得浙派神韻。

208

錢慧安 山水

132.0cm x 62.5cm （紙本）

錢慧安（1833—1911），初名貴昌，字吉生，號清溪樵子，寶山人。清畫家。
善工筆畫，以人物仕女爲專長，間作花卉、山水。

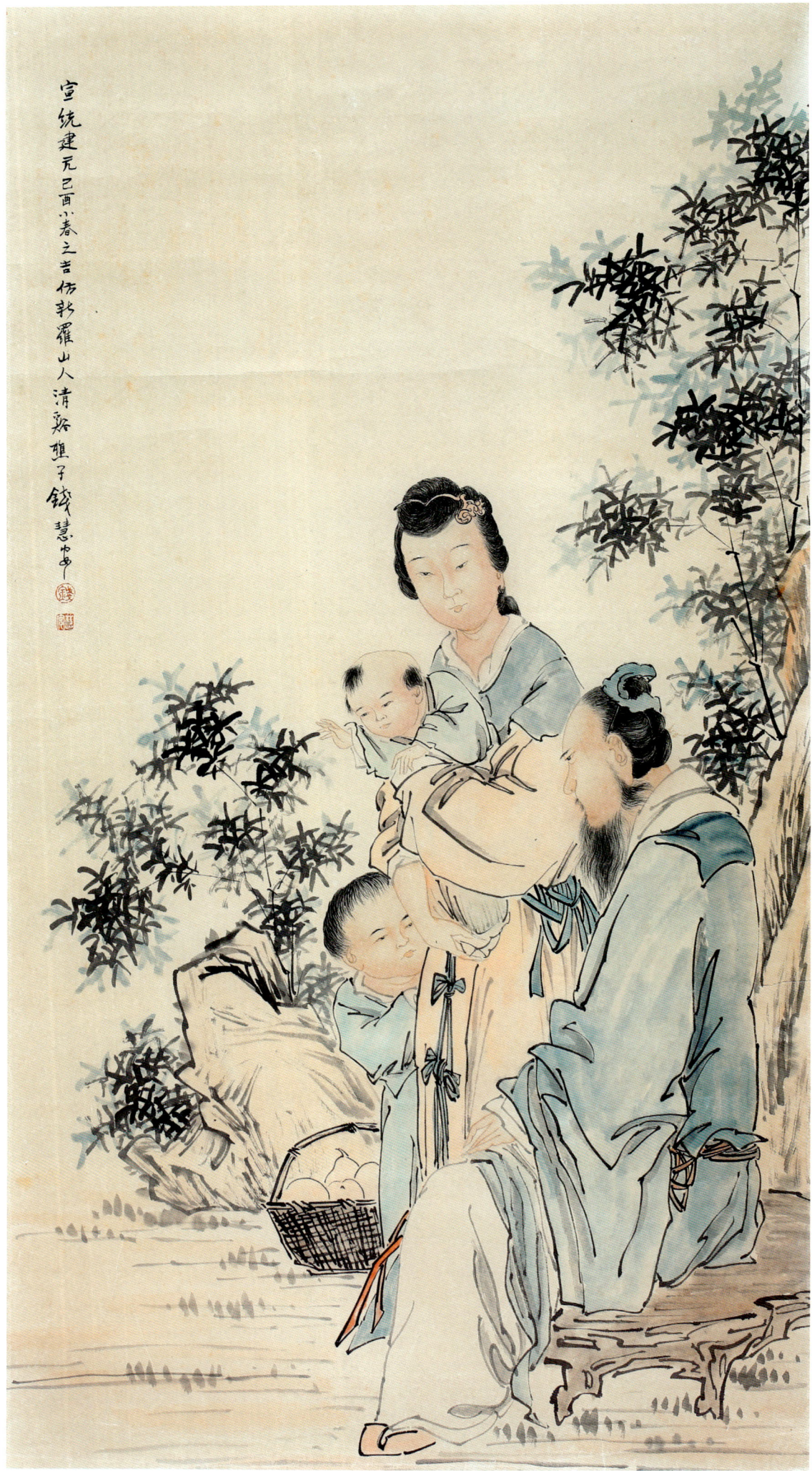

錢慧安 　山　水

94.5cm x 50.0cm （紙本）

顧澐 山水

133.0cm x 65.5cm （紙本）

顧澐（1835－1896），字若波，號雲壺、壺隱、壺翁、雲壺外史等，江蘇吳縣人。善畫山水，亦善人物。

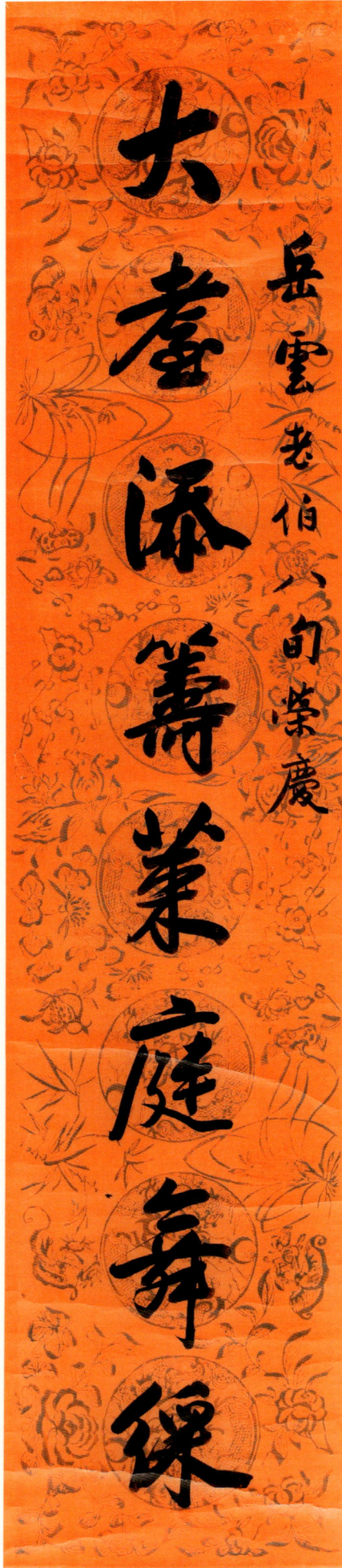

大耋添籌業庭舞綵

新秋設醮椿樹長榮

岳雲老伯八旬榮慶

世姪朱九川拜祝 楊守敬

楊守敬　　書法

164.5cm x 35.0cm x 2（紙本）

楊守敬（1839—1915），字惺吾，號鄰蘇，
晚年自號鄰蘇老人，湖北宜都人。清末民初
歷史地理學家、金石文字學家、目錄版本學
家、書法家、泉幣學家、藏書家。

212

庚午陽春友如吳猷寫

吴友如　　人物

95.0cm x 49.5cm （紙本）

吳友如（？—約 1893），原名猷，又作嘉猷，字友如，以字行，江蘇元和人。
清末畫家。工人物、肖像。

任頤 人物

133cm x 73cm （紙本）

任頤（1840—1895），初名潤，字小樓，後改字伯年，別號山陰道上行者、
壽道士等，浙江山陰人。清末畫家。人物、花鳥、走獸、山水，均能涉筆成趣。
爲清末"海上畫派"代表人物之一。

任 颐 花 鸟

78.0cm x 30.5cm （纸本）

任 頤　花 鳥

31.5cm x 39cm（絹本）

任 頤 花 鳥

31cm x 38cm（絹本）

任 頤　花 鳥

29cm x 32cm （紙本）

任頤　花鳥

29cm x 32cm （紙本）

任 頤 花 鳥

直徑 25cm（絹本）

任 頤　花 鳥

176.0cm x 47.5cm （紙本）

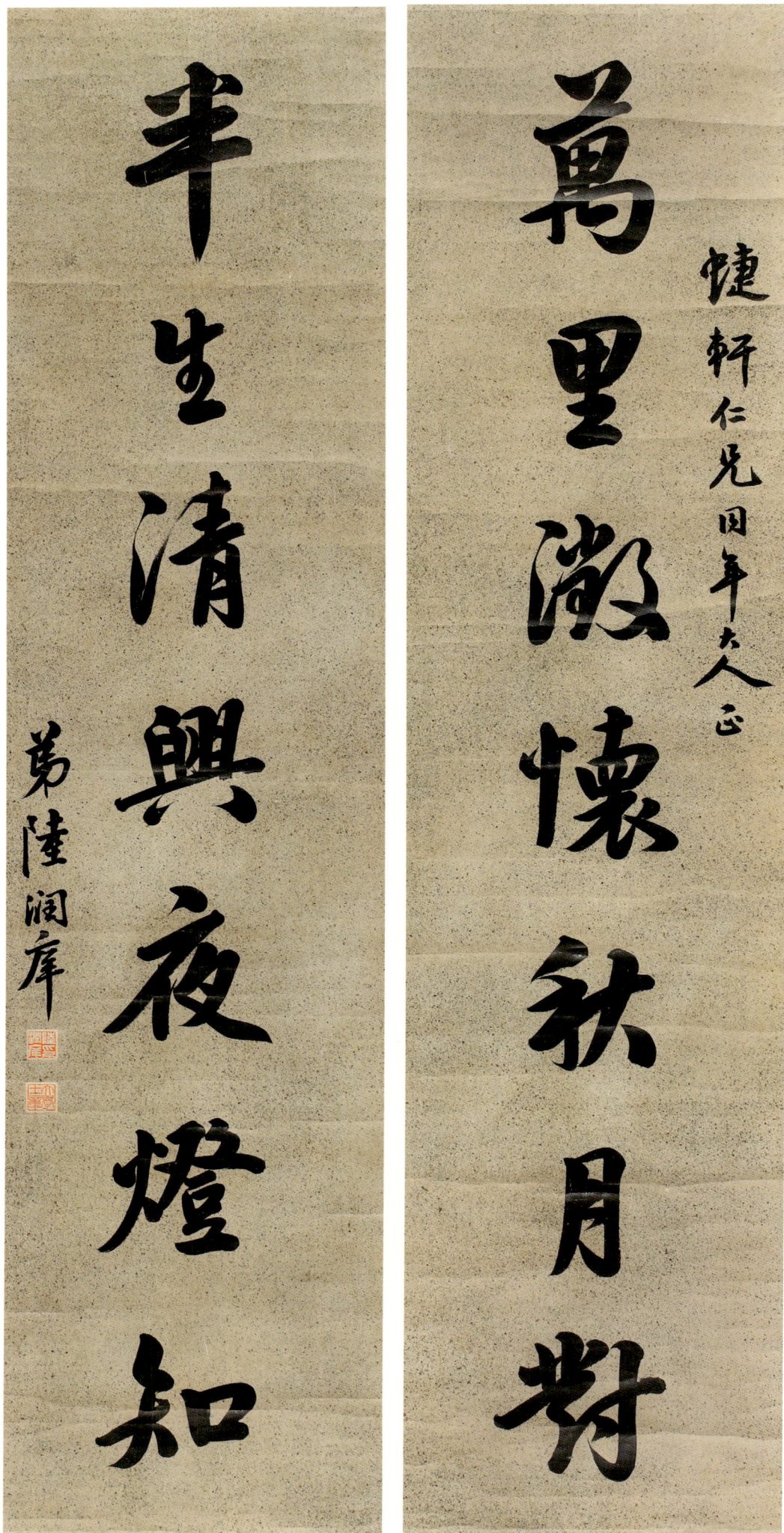

万里澄懷秋月對

半生清興夜燈知

捷軒仁先回年六人正

弟陸潤庠

陸潤庠　　書法

173.0cm x 42.5cm x 2（紙本）

陸潤庠（1841—1915），字鳳石，號雲灑、
固叟，江蘇元和人。工書法，擅行楷。

222

李育　山水

94.0cm x 42.8cm（絹本）

李育（1843—？），字梅生，陝西甘泉人。嘗師事朱本，與李紱塵并稱
"南北李"。工人物、花鳥、雜品，其寫意花卉、木石，能采各家所長，
脫略高渾，下筆甚捷，有心手相和、色墨并施之妙。

手種芭蕉一尺餘
無限瀟湘塵外境
此人何物能消遣
一室薄香滿看書
甲辰春三月上浣
菜生李育

李　育　　人　物

128cm × 48cm （紙本）

右爲局部

224

陸恢 花鳥

127.5cm x 63.5cm （紙本）

陸恢（1851—1920），原名友恢，一名友奎，字廉夫，號狷叟，一字狷盦，
自號破佛盦主人，江蘇吳江人。清末民初畫家。畫山水、人物、花鳥、果品，
無一不能，書工漢隸，具有金石氣。

陸恢　花鳥

134.0cm × 32.5cm　（紙本）

水軒民榭互爭姸
偏惟此亭無一物
匝天全

水月共春風各自
坐觀萬景

桃花源道人筆法

辛丑夏五月
畏廬林紓

林 紓　山 水

99.5cm x 45.5cm　（紙本）

林紓（1852—1924），初名群玉，字
琴南，號畏廬，別署冷紅生，福建閩
縣人。清末民初文學家、翻譯家。能
詩文，擅山水，花鳥得陳文臺之傳。

受祿百福

任預　花鳥

128.5cm x 61.5cm　（紙本）

任預（1853—1901），又名豫，字立凡，浙江蕭山人。任熊之子，擅畫人物、山水和花鳥。構圖別致，設色淡雅。花卉學宋人勾勒法。

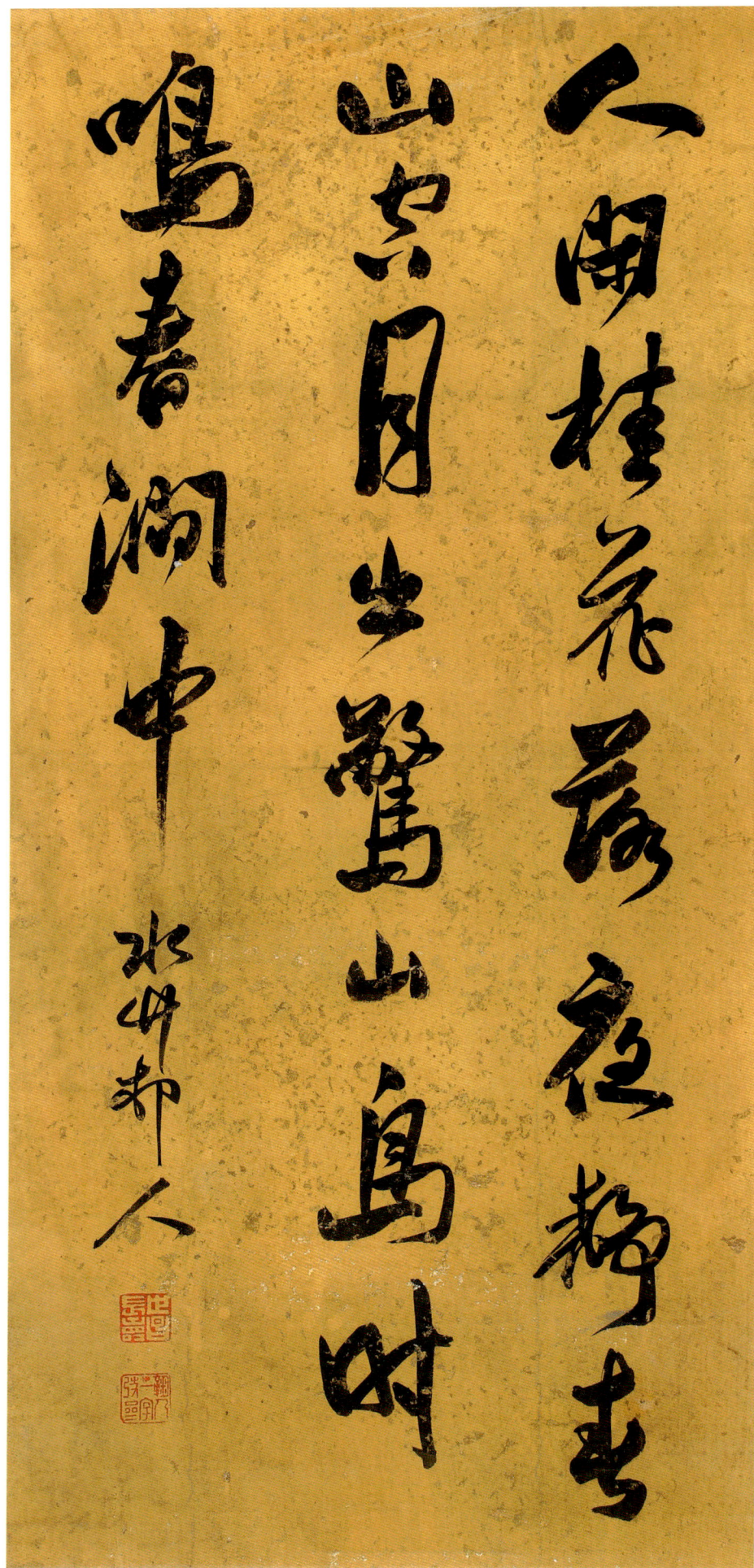

人閒桂花落　夜静春山空
月出驚山鳥　時鳴春澗中

水竹邨人

徐世昌　　書法

80.5cm x 38.0cm　（紙本）

徐世昌（1855—1939），字人五，號菊人，又號弢齋、東海、濤齋，
晚號水竹村人、石門山人、東海居士，直隸人。近代刻書家。嗜好收
藏古籍、字畫，以書畫自娛。

想有新詩傳素壁

午窗却喜杰书傭

桂如先生雅屬

水竹邨人

徐世昌　書法

134.0cm x 31.8cm x 2（紙本）

231

徐世昌　書法

171cm x 21cm x 2 （紙本）

吳仲圭從董北苑出董之點苔
以晉人作匕癰窄出之吳冩淋
漓奔驟矢盖從破碎中含弓
劉健之氣

興亥仲冬十月 曾熙

曾 熙 書法

95.0cm x 44.5cm （紙本）

曾熙（1861—1930），初字嗣元，更字子緝，號俟園，晚號農髯，湖南衡陽人。學者、書法家。善詩，精書畫。

曾熙　書法

124cm x 31cm （紙本）

234

衡山處士先生諱運金字勉之六字礪
齋衡山人也其先縣贛遷楚蕃衍衡潭
之間明季有曰明甫者避亂隱居祝融

峯麓之虎巖是為虎巖周氏曾祖諱
章孫祖諱開洞父諱景科并以孝友式
德鄉閭先生當舞勺之年抱姜父之廬

昆季雖多誰恆季子貧無分財責重
當室然先生不以屢境囏而廢學不以
母倚閭而忍出挾篋擇師務求通儒字

成歸來蕭然四壁遂乃誃惟搜徒英彥
偕未先生性与天游衿懷落廓講授餘
暇開步川原覽雲霞之變幻

集衡山處士碑字
麓樓曾熙

曾熙 書 法

126.0cm x 31.5cm x 4（紙本）

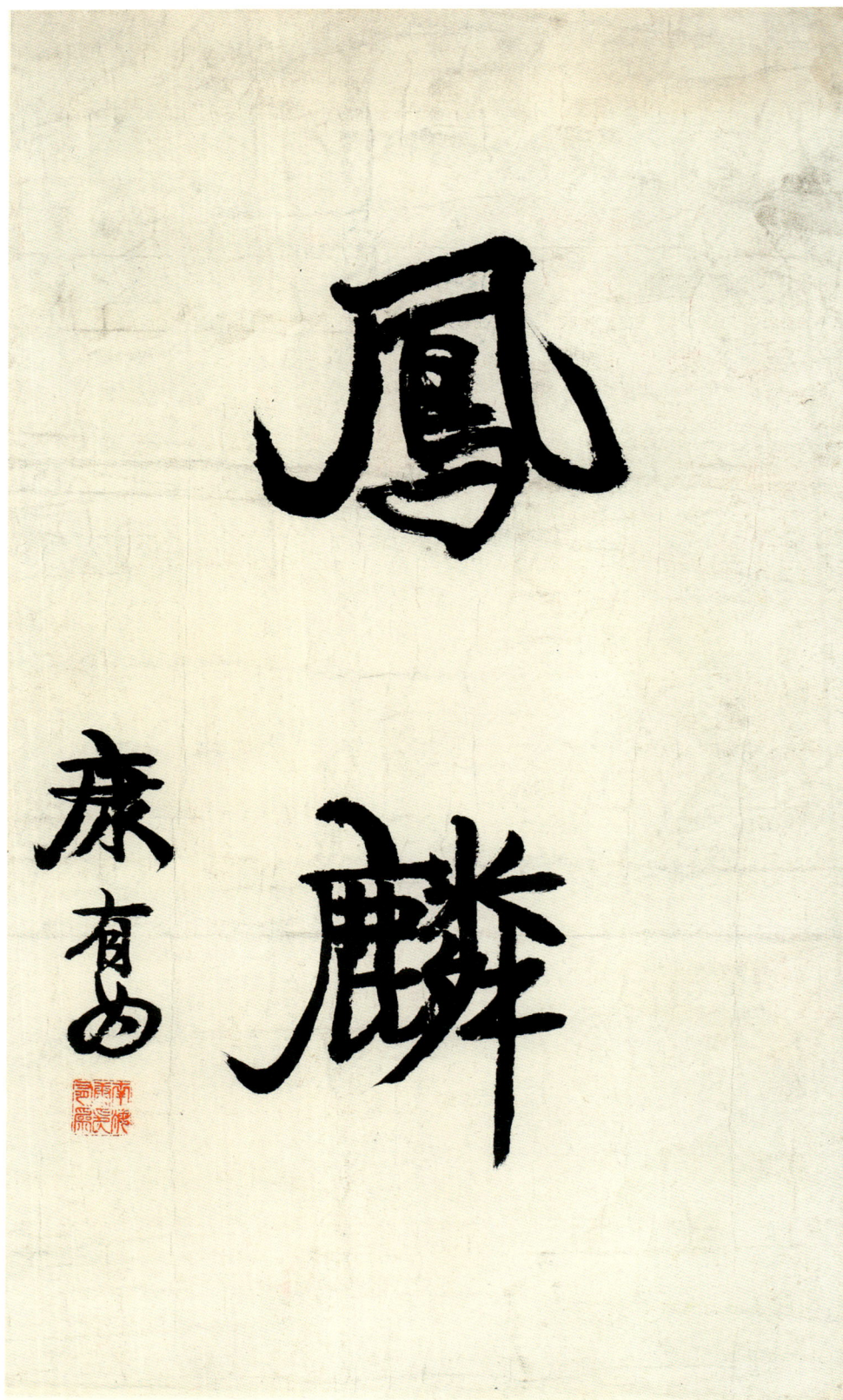

康有爲　　書 法

59cm x 35cm （紙本）

康有爲（1858—1927），原名祖詒，字廣廈，號長素，又號明夷、更生等，廣東南海人。近代政治家、思想家、教育家、維新派領袖。

浮雲寬海月
子玉仁兄
微雨墮天花
南海康有為

康有爲　書法

121.5cm x 29.5cm x 2（紙本）

開張天岸馬

奇逸人中龍

康有為

康有爲　　書 法

135cm x 33cm x 2 （紙本）

238

恪勤在朝夕

懷抱觀古今

康有爲　書法

149.5cm x 31.0cm x 2（紙本）

239

眾天國土熏歷刦

微塵世界游諸天

康有為

康有爲　　書法

127.5cm x 29.8cm x 2（紙本）

240

權羅盤啓道

修竹扰崇山

登城仁兄

康有為

康有為　　書法

169cm x 43cm x 2 （紙本）

左：玉於文舉之薦禰衡氣揚采飛孔明之辭
後主志盡文暢雖華實異旨並表之英
孔璋稱健則其標也
吟秋仁兄屬書　李戚

中：南伯玉酒為主令兄采廉之中韵兄
土逵高之以比乃攸中韵之者夫君
此私仁兄大人雅正　章梫

右：（殷器貞卜遺文）
吟秋仁兄屬摹殷器貞卜遺文商遺羅振玉

在漢中葉建設宇堂山嶽之守是秩是望

侯惟安國燕命斯章尊脩靈墓肅共壇場

明德惟馨神歆其芳

吟秋仁兄方家正 沅

朱祖謀　書法

131.5cm x 32.0cm　（紙本）

朱祖謀（1857—1931），原名孝臧，字古微、藿生，號漚尹、疆村，浙江歸安人。爲"清季四大詞家"之一，著作豐富。書法合顏、柳于一爐，又擅寫人物、梅花。

章梫　書法

131.5cm x 32.0cm　（紙本）

章梫（1861—1949），名正耀，字立光，號一山，浙江三門人。學者、教育家、書法家。

羅振玉　書法

131.5cm x 32.0cm　（紙本）

羅振玉（1866—1940），字叔蘊、叔言，號雪堂，浙江上虞人，生于江蘇淮安。金石學家、古文字學家。精于書畫、金石、考古。

鄭沅　書法

131.5cm x 32.0cm　（紙本）

鄭沅（1866—1943），字叔進，號習叟，湖南長沙人。工書，篆、隸、行皆擅。

他鄉見月常為客

今日題詩却送僧

劉春霖

劉春霖　　書法

139.5cm x 34.5cm x 2（紙本）

劉春霖（1872—1944），字潤琴，號石筼。
直隸肅寧人．善書法，尤以小楷爲著。

夫倡婦隨結平等果

心投意合開自由花

王壽彭　書 法

165.0cm x 35.2cm x 2（紙本）

王壽彭（1875—1929），字眉軒，號次箎，山東濰縣人。學者、教育家、
書法家。

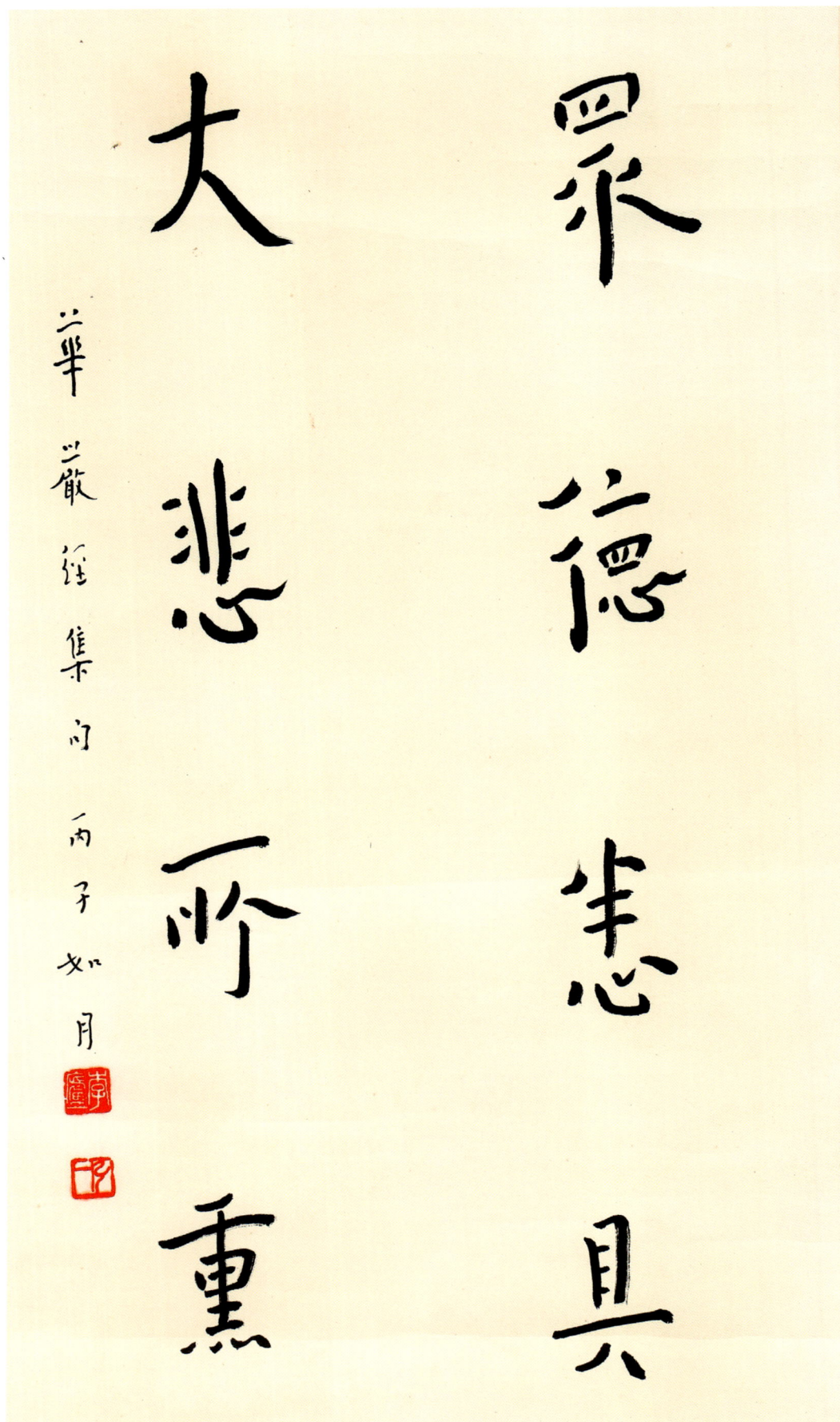

眾德悉具

大悲所熏

華嚴經集句　丙子如月

李叔同　書法

52.5cm x 30.0cm　（紙本）

李叔同（1880－1942），原名成蹊，譜名文濤，字息霜，號叔同，別號漱筒，法名演音，號弘一，晚號晚晴老人。音樂家、美術教育家、書法家、戲劇活動家，是中國話劇的開拓者之一。

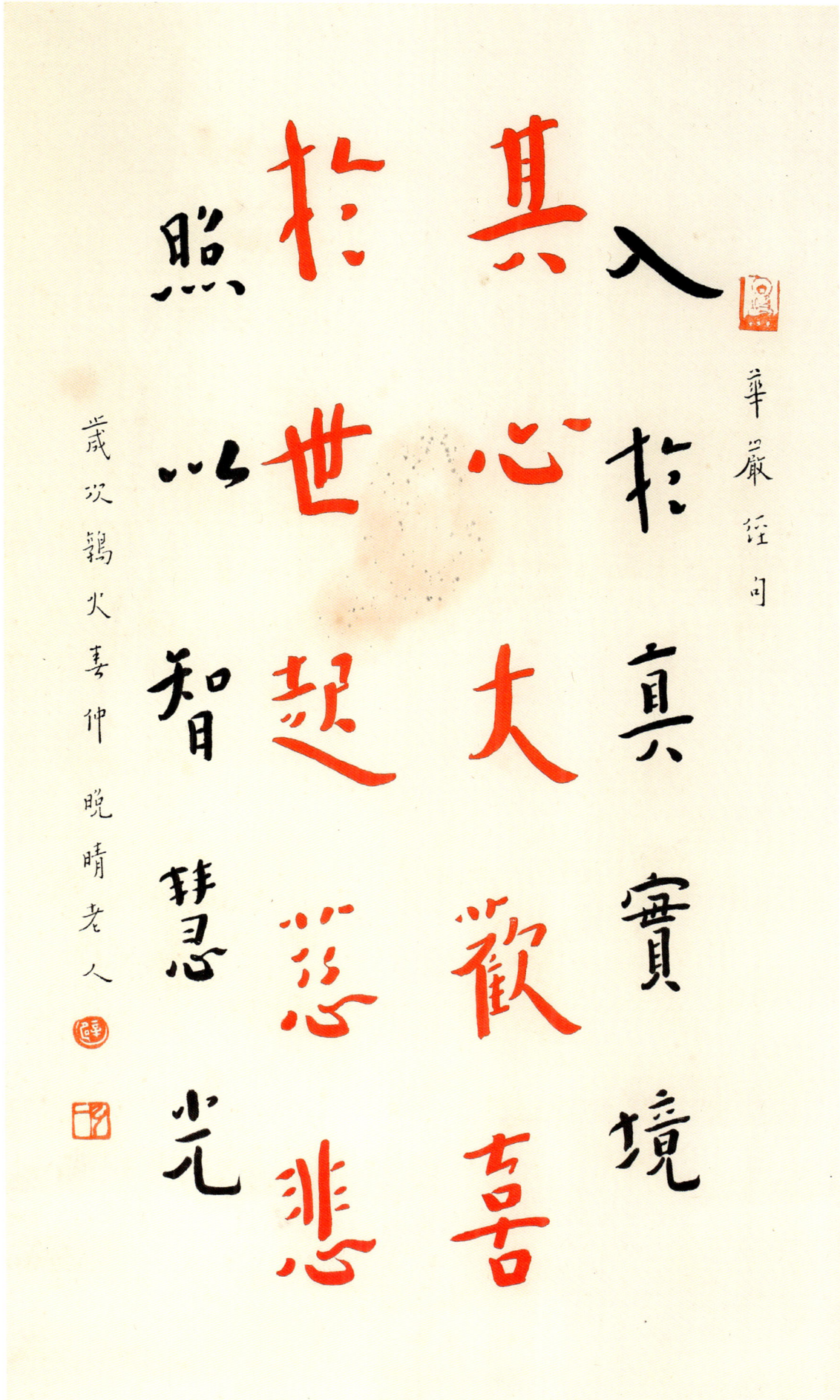

入於真實境
其心大歡喜
於世超慈悲
照以智慧光

華嚴經句

歲次鶉火季仲 晚晴老人

李叔同　書法

57cm x 33cm （紙本）

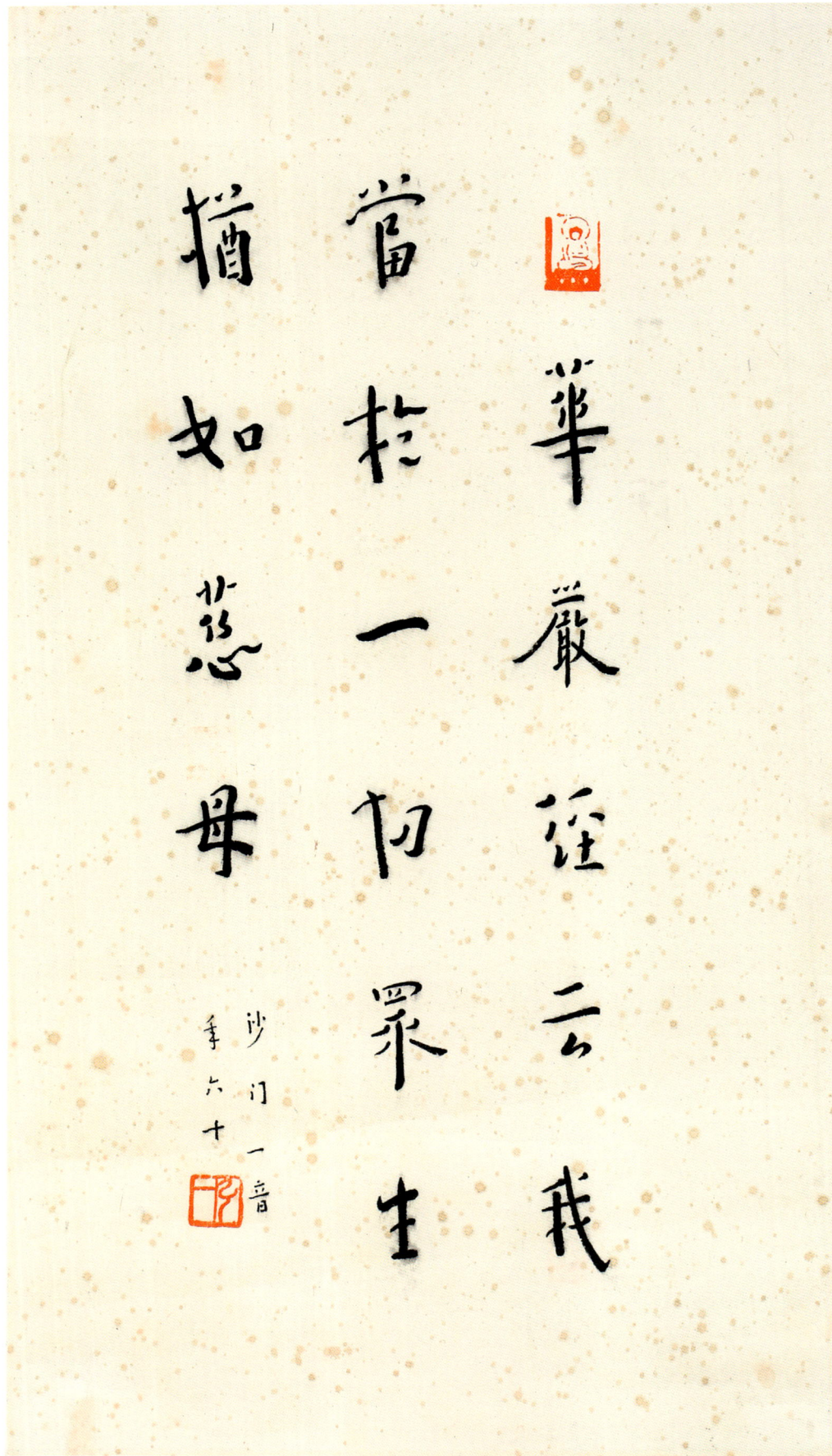

華嚴經云我當於一切眾生

猶如慈母

沙門一音

季六十

李叔同　　書　法

43.0cm x 23.5cm （紙本）

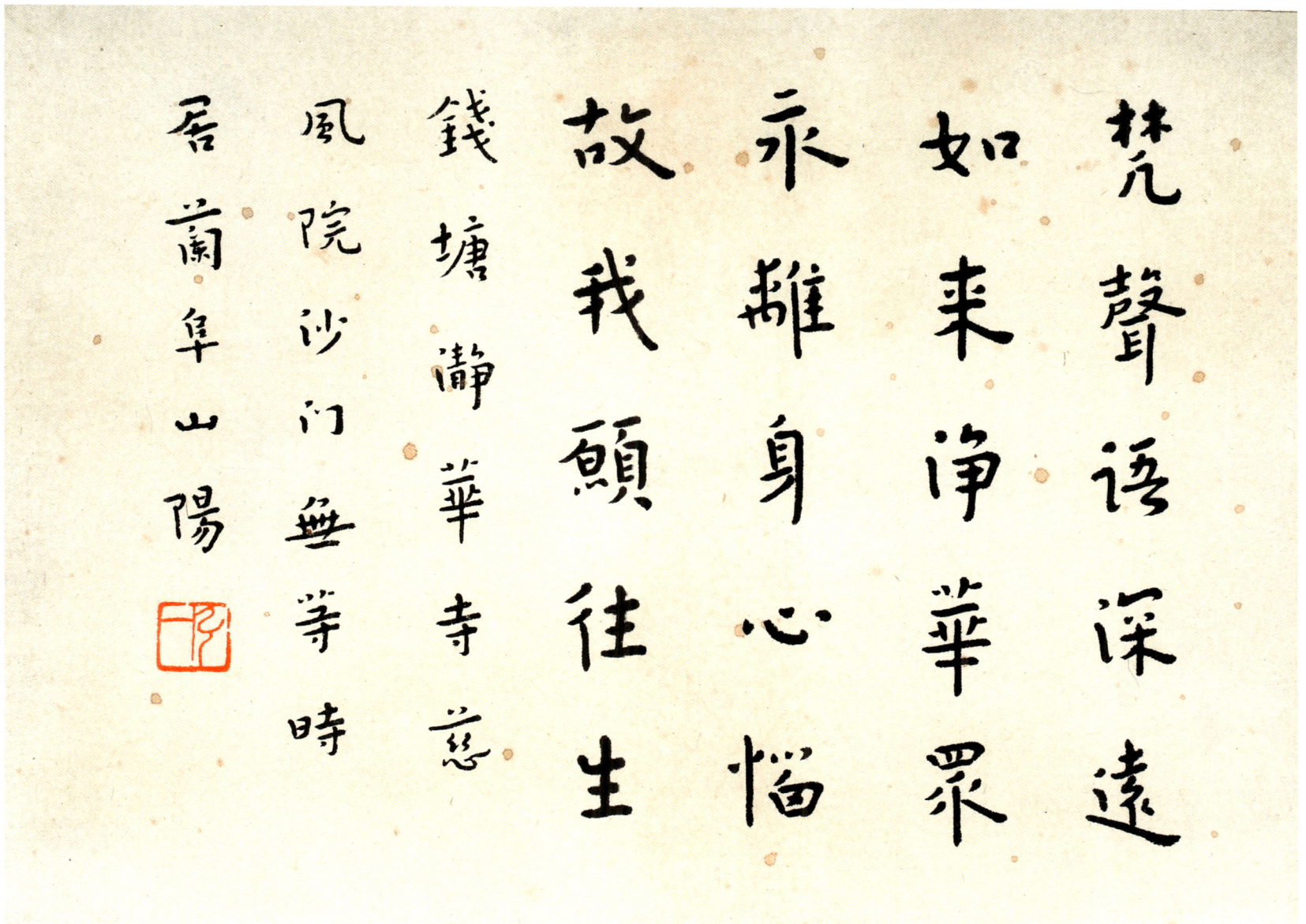

梵聲語深遠
如來淨華眾
永離身心惱
故我願往生

錢塘灊華寺慈
風院沙門無等時

居蘭皐山陽

李 叔 同　　書 法

21.7cm x 29.5cm （紙本）

249

一切有為法　如夢幻
泡影　如露亦如電應
作如是觀

金剛般若波羅蜜經偈

萍藻居士供養　沙門一音

李 叔 同　　書 法

103.8cm x 32.0cm　（紙本）

250

譬如虛空具含眾像　於諸境界無所分別

大方廣佛華嚴經世主妙嚴品句　壬申五月

永寧大雄華嚴院沙門瓔珞時居纓峯

李叔同　書　法

112.5cm x 16.3cm x 2（纸本）

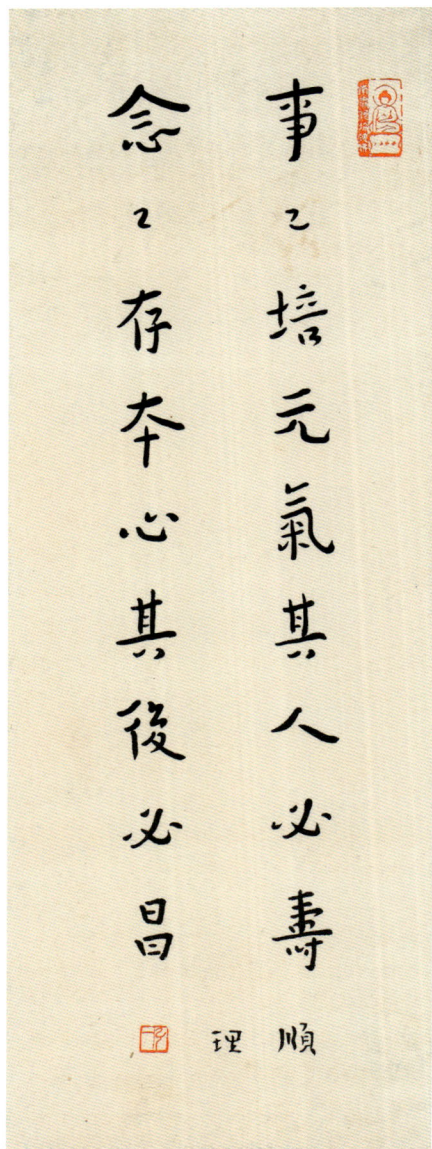

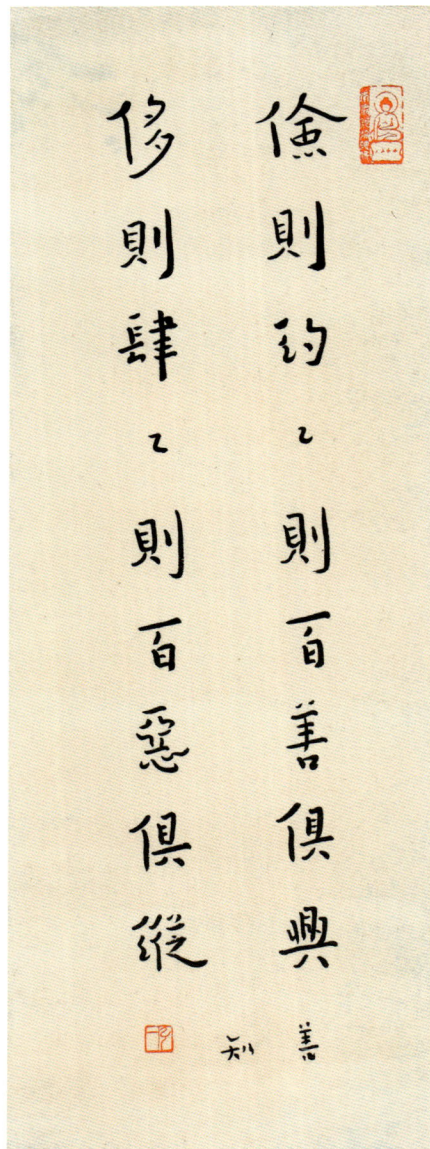

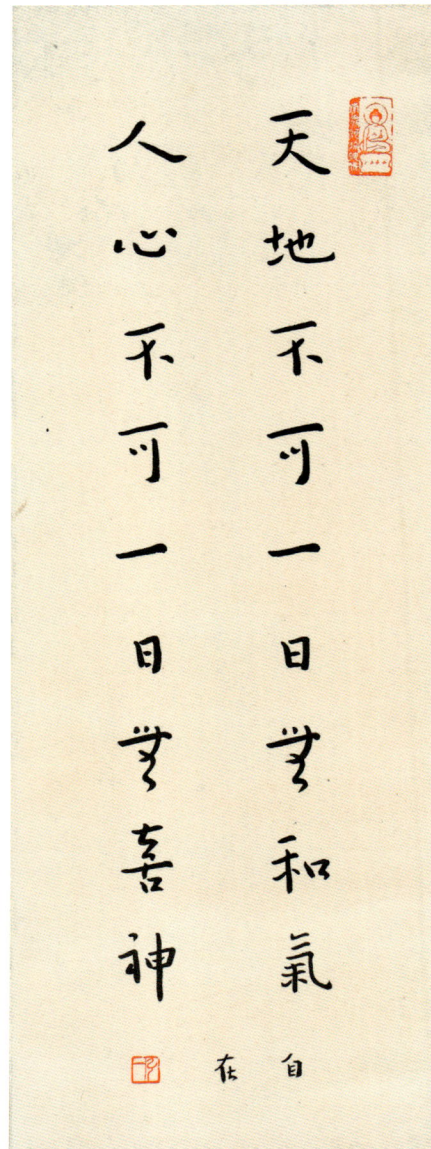

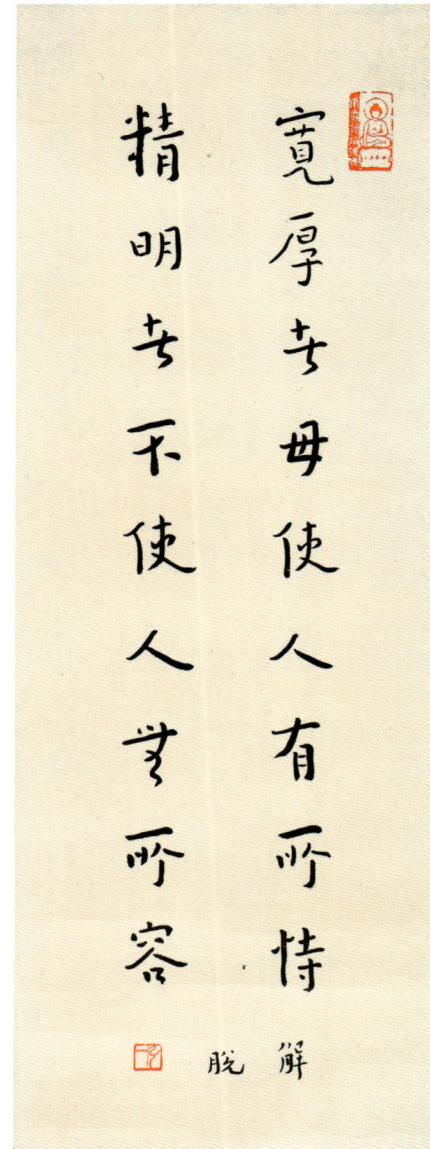

李叔同　書法

62.7cm x 22.7cm x 8 （紙本）

有才而性緩定屬大才
有智而氣和斯為大智

處逆境心須用開拓法
處順境心要用收斂法

謙美德也過謙專懷詐
默懿行也過默專藏奸

人褊急我受之以寬宏
人陰反我待之以坦蕩

253

凡事務求停妥然後逍遙　居寵必先精勤乃能間暇　堅固

凡為邪所奪者皆正不足　凡為外所勝者皆內不足　一音

坐欲端而正聲欲低而和　行欲徐而穩立欲定而恭　摩尼

只是心不放肆便无过差
只是心不急忙便无逸志

智 住

李叔同　書法

63cm x 18cm x 4 （紙本）

馬 家 桐　　花 鳥

30.5cm x 40.3cm（絹本）

馬家桐（1865－1937），字景韓，又作景含、井繁、醒凡，別署耿軒主人、橄澹居士、樂思居士、厢東居士、百印廬主等。天津人。工山水、花鳥，間作人物及佛像，爲"津門四子"之一。

馬 家 桐　　花 鳥

134.0cm x 33.5cm x 4 （紙本）

冷枚 人物

58.0cm x 34.5cm （絹本）

冷枚（約1661—約1743），字吉臣，號金門畫史。膠縣人。清畫家，康熙年間供奉内廷。善畫人物、界畫，尤精仕女。

天寒色蒼薄風雪夜深時獨對千峰
主高人興不知昨夜中雪寒梅開戲
許田春依竹林脉無人隨風前銀河
斜天半玉芙蓉
賞木新秋窈年
以古好詞元
孫逸 [印] [印]

孫逸 山水

125.0cm x 39.5cm （紙本）

孫逸（？—1658），字無逸，號疏林，亦
號石禪，安徽休寧人。清代畫家。與蕭雲
從齊名，合稱"孫蕭"；與弘仁、汪之瑞、
查士標合稱"海陽四家"。

清袁江驪山避暑圖

驪山避暑圖
壬午壯月以南宋人筆意
擬之邗上袁江製

袁江　山水

86.5cm x 47.0cm（絹本）

袁江（約 1671—1746），字文濤，號
岫泉，江蘇江都人。清雍正時宮廷
畫家，專攻山水、樓閣，兼作花卉，
爲界畫能手。

袁江　山水

108.5cm x 48.8cm（絹本）

丁 觀 鵬　　人 物

88.0cm x 36.8cm（絹本）

丁觀鵬，生卒年不詳。順天人。雍正四年
（1726）進入內廷成爲宮廷畫家。擅長人物、
道釋、山水，亦能作肖像，畫風工整細緻。

丁 觀 鵬　　山 水

94.0cm x 43.8cm（絹本）

翟大坤　　山　水

134cm x 33cm　（紙本）

翟大坤（？—1804），字子厓，號雪屏，後
號病耳，又自號無聞子，浙江嘉興人。清代
畫家。山水兼宗宋、元各家之長，下筆深秀。
任意揮灑，皆成妙構。間作巨幅墨竹，亦絕妙。

金廷標　　人物

134.7cm x 57.5cm （紙本）

金廷標（？—1767），字士揆，浙江烏程人。清乾隆年間供奉內廷。善山水、
人物、樓閣界畫等，白描尤工。

胡宗信 山水

172.5cm x 94.0cm （紙本）

胡宗信，字可復，江蘇上元人。胡宗仁之弟。明末"金陵畫派"畫家。工山水，取法元人。

焦秉貞 　人物

81cm x 30cm （絹本）

焦秉貞，字爾正，山東濟寧人。清康熙年
間供奉內廷。善山水、花卉，尤精人物。

馬荃 花鳥

125.0cm x 28.5cm （紙本）

馬荃，字江香，江蘇常熟人。清代女畫家。
工花草。

馬荃　花鳥

125.5cm × 43.3cm　（絹本）

惲 冰　　花 鳥

105.0cm x 37.5cm 　（紙本）

惲冰，字清於，號浩如，別號蘭陵女史，
亦署南蘭女子，江蘇武進人。善花果。

惲冰　花鳥

57.5cm x 33.5cm（絹本）

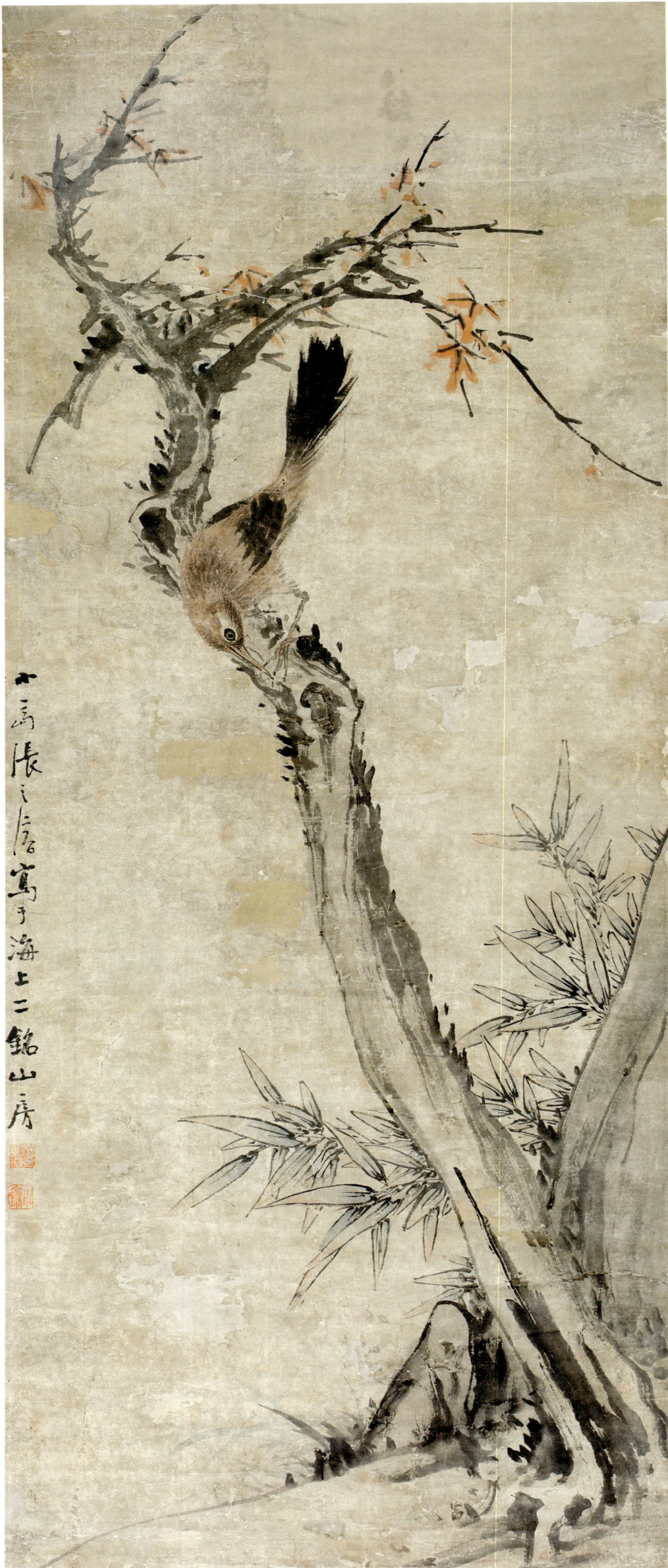

張之溶　　花 鳥

123.7cm x 51.0cm　（紙本）

張之溶，號小齋，江寧人。清代畫家。工
花鳥、人物，尤擅畫馬。

馮秀琨　　花 鳥

123cm x 28cm （紙本）

馮秀琨，字子璞。道士。工詩詞，精篆刻，
善畫山水、花卉。

圖書在版編目（CIP）數據
文盛繽紛 / 郭金桂編. -- 杭州 : 西泠印社出版社,
2024. 6. -- ISBN 978-7-5508-4537-4
Ⅰ. G262.1-64
中國國家版本館CIP數據核字第202470RC07號

文盛繽紛

郭金桂 編

責任編輯 伍　佳
責任出版 馮斌强
責任校對 劉玉立
裝幀設計 鄭舒熠　胡思佳
出版發行 西泠印社出版社
（杭州市西湖文化廣場 32 號 5 樓　郵政編碼　310014）
經　　銷 全國新華書店
製　　版 西泠印社文化藝術發展有限公司
印　　刷 浙江海虹彩色印務有限公司
開　　本 889mm×1194mm　1/8
印　　張 35.5
字　　數 170 千
印　　數 0001—1000
書　　號 ISBN 978-7-5508-4537-4
版　　次 2024 年 6 月第 1 版 第 1 次印刷
定　　價 680.00 元

西泠印社印社出版社發行部聯繫方式：(0571) 87243079